私の大学教育論

慶應義塾大学湘南藤沢キャンパスでの実践

岡部光明

okabe mitsuaki

序文

大学は社会においてどのような機能を果たすべきか。また大学教員はどのようにして自らの任務を果たすことが求められているのか。その論点はもとより多岐にわたるが、本書は大学をもっぱら教育機関としてみた場合、そのあり方や教員の任務がどのようなものかに関して、著者なりの主張を自らの実践をもとに書き綴ったものである。

その場合、なるべく具体的に記述する方針を採っているため、結果として、著者が在籍する慶應義塾大学湘南藤沢キャンパス（略称ＳＦＣ）の近況の一面を伝える面もあるかと思う。

本書の基本的な主張は、二つの既刊拙著『大学教育とＳＦＣ』および『大学生の条件　大学教授の条件』で述べたことと何ら変わらない。すなわち、大学の最も重要な責務は、高校卒業後に入学する学部学生に相当する年齢層（主として十八歳から二十二歳）に対する教育であり、またそれこそが大学の原点である、という認識である。なぜなら、この年齢の四年間は、知識吸収力の大きさ、頭脳の柔軟さ、感受性のみずみずしさなど、人生のどの時期と比べても可能性と可塑性に富む時期であるからだ。また、高校時代とは異なった新しい友人に出会う機会も多いので、その後の人生を左右する重要な時期であることにもよる。さらに、制度としても、大学と同様に研究を行う組織や機関は大学以外にも少なからずあるが、この年齢層に対する高等教育を任務とする機関は大学以外にはないからである。

このように理解すれば、大学教員の責務はきわめて重い。著者がそれを十分果たしているると主張するつもりはない。ただ、その気構えは忘れてはならず、またその使命を果たすべく努力を惜しんではならないと常々考えている。

本書の構成と主張

本書は大学教員のあり方に関して体系的な主張を展開したものではなく、著者がその任務を実践する具体的な場面において執筆した雑文を収録したものである。このため、一種の臨場感がある点が本書の取りえかもしれない。

第一章「学部教育の目標」では、先端研究を主導する大学でありながら学部教育最重視の方針を貫いている米国の名門、プリンストン大学について調査した結果をまず詳細に記述した。そして、それを参考にしつつ、SFCにおける学部カリキュラムの今後のあり方を述べた。第二章「総合政策学の確立をめざして」では、新しい社会科学としての総合政策学をSFCが確立しようとしてきた努力の軌跡および現時点での到達点を示すとともに、その精神に則して執筆した一つの私的随想（第七節）を収録した。第三章「SFCの課題」では、SFCの教育体制や各種の仕組みを取り上げ、今後の課題を著者なりの視点から指摘した。

第四章「学部ゼミ生および大学院生へのメッセージ」では、著者が担当する研究会（ゼミナール）所属の学部学生ないし大学院生に対して期待したいことがらや激励の気持ちを述べた。ここに収録したのはゼミ生あての電子メール（十通余り）が中心となっており、その意味で幾分私的な性格を帯びる文章が含まれるが、それによって著者の大学教育についての考え方をより具体的に理解していただけると期待している。第五章「学部ゼミでの研究と人的つながり」は、研究会に関するさらに私的な文面であるが、前章と同様の理由でここに収録した。

これらの文面を記載することにより、大学教育において著者が重要と考える幾つかのことがらを本書で主張している。第一は、大学教育で最も大切なのは、単に高級な知識（それは必然的に陳腐化する）の習得ではなく、ものごとの本質を理解する力（明晰かつ批判的な思考力）、表現する力（的確な日本語で書いたり発表したりする力量）、感受性（美しさや正しさを直感的に会得する力量）、インテグリティ（誠実さ）といった普遍性そして国際性の高い力量の習得にあることである。第一章および第四章で述べた内容が概ねこれに該当する。

第二は、そうした教育をほんとうに実のあるものにするには、教員自身が先端的な研究（知的フロンティアの拡大）に取り組んでいることが不可欠の条件となることである。言い古されたことではあるが、教育と研究は車の両輪であり、学生は教員の背中をみて育つわけである。第二章の基本的メッセージはこの点にある。

そして第三は、教育とは結局のところ人間と人間の信頼関係によって成り立つものである、ということである。このことを第五章で主張している。

謝辞

本書で述べた著者の活動は多くの方々によって支えられたものであり、また著者の考え方も多くの方々による批判やコメントによって次第に明確になったことが多い。ことに総合政策学部および環境情報学部の同僚諸氏、とくに金安岩男（地理学）、堀茂樹（現代フランス論）、青木節子（国際法）、古石篤子（フランス語学）、リン・ティースマイア（言説理論）、白井早由里（国際金融論）、小島朋之（東アジア論）、安村通晃（コンピュータ科学）、大岩元（情報教育学）、榊原清則（経営学）、香川敏幸（経済政策論）、徳田英幸（計算機科学）、野村亨（東南アジア史）、平高史也（ドイツ語教育）、梅垣理郎（国際政治学）、國領二郎（経営情報システム）、大江守之（人口家族変動論）、冨田勝（生命情報科学）、熊坂賢次（ライフスケープ論）、深谷昌弘（ソシオセマンティックス）、駒井正晶（住宅政策）、河添健（数学）、奥田敦（イスラム法）の各氏は、日常的な接触を通して多くのご示唆をくださり、また色々な機会に著者を励ましてくださった。

キャンパスが隣接する看護医療学部の山内慶太氏（医療政策学）は慶應義塾の歴史と義塾精神について、また加藤眞三氏（病態科学）は大学教育のあり方について、それぞれ著者を啓発してくださった。そして米国プリンストン大学のダグラス・マッセー教授（社会学）は、著者の現地調査の際に時間を割いて同大学の学部教育のあり方を種々ご教示くださった。

本書の一部には、文部科学省「平成十六年度海外先進教育研究実践支援プログラム」および同省「二十一世紀ＣＯＥプログラム――日本・アジアにおける総合政策学先導拠点」に沿って行った活動の成果を含んでいる。出版に際しては、慶應義塾大学出版会の田谷良一出版部長ならびに小磯勝人氏のご配慮とご支援をいただいた。人は皆それぞれ使命をもってこの世に生まれてきている。著者がもしそれを多少とも果たすことができているとすれば、それは、わが妻、美智子が大学教員の責務の重さを著者にいつも喚起してくれているおかげである。

大学教育を考えるに際して、本書の中に何か新しい論点が含まれている（あるいは既知の論点が一層明確化されている）と感じていただけるならば、著者にとって大きな喜びである。

二〇〇六年八月

岡部 光明

目次

第四章　学部ゼミ生および大学院生へのメッセージ　175

学校の先生になるということは一種特別の天職だと私は思っております。…… 先生になる人は、学問ができるよりも——学問もなくてはなりませぬけれども——学問を青年に伝えることのできる人でなければならない。

（内村鑑三『後世への最大遺物』明治三〇年初版、岩波文庫五〇—五一ページ）

第一章　学部教育の目標

（一）米国プリンストン大学で考えたこと

この春休み（二〇〇五年三月）、米国プリンストン大学に滞在する機会がありました。かなり昔（十四年前）ここで一年間教壇に立ったことがありますが、それ以来訪問する機会を得なかったので、今回はいくぶん感傷的な旅行でした。

学生食堂で聞こえてくる会話は、雑多なトピックながらいかにも大学生の会話らしいものです。これはＳＦＣと同じです。一方、このキャンパスの建物の多くはゴチック様式の石造りであり、また高い尖塔もあるなどヨーロッパ中世に逆戻りした錯覚を起こします。この点は、すべてモダンな建築のＳＦＣと何と対照的でしょうか。一口に大学といっても、いかに異なった風情があり得るかを改めて感じた次第です。

学部教育を重視するプリンストン

ところで、プリンストンはむろん研究系の大学として有名です（在籍者からノーベル賞受賞者をこれまでに十五名出しています）。しかし、とくに重要なのは、学部学生に対する教育こそ大学の役割の核心である、という方針を大学が堅持していることです。ちなみに学生数をみると、学部生が約四千六百名、大学院生が約二千名であり、米国の他の多くの有力大学とは異なって学部生が圧倒的に多いことにそれがよく現われていま す（なお学部生対大学院生の比率や学生総数といった面ではＳＦＣにたいへん近いといえます）。

広大かつ歴史的なキャンパス環境と贅沢な教員数を擁している点でＳＦＣとは大いに異なりますが、高い評判を得ているここでの学部教育が果たしてどのようになされているのか、またそのカリキュラムあるいは仕組みの面でＳＦＣにとって何か参考になる面はないのか。このような観点から今回プリンストンにおける学部教育の仕組みを詳細に調べてみました。

ＳＦＣカリキュラム改革の要点

たまたまですが、これと全く同じタイミングでＳＦＣでは「カリキュラムに関する対学生アンケート調査（特別調査）」の結果がまとまり、先般内部に公開されました。この調査は、ＳＦＣカリキュラムに関する調査のなかで、多分これまでで最も網羅的かつ回答分量の多い調査ではないでしょうか。学生による回答結果をダウンロードしてプリントすれば約百八十ページ（およそ書物一冊分の分量）にも達する膨大なものになります。早速それを一読したところ、重要な情報が多く含まれていると私は思いました。

このアンケート調査で浮かび上がってくるＳＦＣの課題と、私がプリンストンから得た示唆を重ね合わせると、今後のＳＦＣにとって幾つかの方向が見えてくるのではないか、と私は感じています。議論の詳細は省きますが、ＳＦＣでの議論を活発化させるため、幾つか具体的なことを記しておきたいと思います。

すなわち、アンケートをみる限り、専門性の強化や基礎学力の涵養を図ることが、カリキュラム改善のうえで大きな課題として浮かび上がっているようにみえます。もしその理解が正しいとすれば、私見では、具体的には全授業の週二コマ化、卒業製作の必須化、政策立案セミナーの導入、履修科目に関する教員アドバイザー制度の充実、といったことがらが欠かせない検討課題になります。

SFCカリキュラム改革の進め方

前記はあくまで個人的提案に過ぎませんが、より重要なのは、カリキュラム改善委員会がまずこの調査結果をていねいに分析し、全体として何が読み取れるかをまず報告書としてまとめること（課題について教員の共通理解を得ること）です。次いで改革の理念を明確化（ないし再確認）することです。この二つが必要かつ第一のステップになるのではないでしょうか。

そのためには、例えば、全教員の討議集会（アゴラ）を春学期中に一度といわず開催し、全教員が調査結果と課題の理解を共有することから始めるのが望ましいと思います。それだけでも多大の時間とエネルギーが要請されることでしょう。科目の統廃合や名称変更、あるいはカリキュラム構造改革といった改革の具体化は、その次の段階にくるべきものと思います。

ＳＦＣにおけるこれまでの取り運び方から推すと、いきなり前記第二のステップが採られるのではないかという危惧を抱きます。そうした場合には、声の大きいほうが勝つという結果になり、現在すでにそうなっているように、カリキュラム全体の整合性や理解しやすさといった面に再び禍根を残すのではないでしょうか。初期のＳＦＣは、常に理念にしたがって万事対応したからこそ他大学の追随を許さなかった、と一般に評価されています。改革の理念を明確にしないまま、いきなり交渉過程に入るとすれば、羅針盤のない船と同様、どこに行き着くのか不安になります。

カリキュラムの改善は、ＳＦＣの基本的姿を対外的にも対内的にも問いなおす作業であり、また全教員が直接影響を受ける大事業です。ＳＦＣが「問題発見・解決」型の研究および教育をモットーとする以上、カリキュラムについてもこれを基本方針としてまず課題と改革理念を明確化し、次いでそれに対する具体的対応策をデザインする、という二つの明確なステップを踏んで斬新なものを作っていくべきではないでしょうか。プリンストン滞在中にこのように考えた次第です。

（慶應義塾大学ＳＦＣオンラインニュースレター「パンテオン」二〇〇五年四月）

（二）米国プリンストン大学における学部教育
――その理念・制度的特徴・ＳＦＣへの示唆

概要

米国東部にある名門プリンストン大学は、研究面でトップクラスにあるだけでなく、学部教育の最優先を基本方針とするユニークな大学として知られる。

同大学の学部教育を特徴づける制度としては様々なものがあるが、なかでもプリセプト・システム（講義内容補完を目的とした少人数グループ討議の制度）、宣誓システム（全ての筆記試験は学生の正直さを前提とし教員による試験監督なしで実施する制度）、卒業論文重点主義などがある。また社会科学系では政策立案実習（少人数で行う政策立案セミナー）というユニークな学部科目も設置されている。これらの制度の多くは長年続いてきたものであり、同大学の教育上いずれも大きな役割を果たしている。

今後ＳＦＣ（慶應義塾大学湘南藤沢キャンパス）において学部カリキュラムの改善を行う場合、専門性の強化や基礎学力の涵養を図ることが基本的な方向になるとすれば、例えば全授業の週二コマ化、政策立案セミナーの導入、卒業製作必須化、履修科目に関する教員アドバイザー制度の充実など、プリンストン大学の制度が参考になる場合が少なくない。

なお本節は、文部科学省「海外先進教育研究実践支援プログラム」（平成十六年度）による資金支援を受けて二〇〇五年三月に米国プリンストン大学で行った実地調査を踏まえて取りまとめた報告書の抜粋である。ちなみに二〇〇七年四月に実施が予定されているＳＦＣのカリキュラム大幅改定においては、第七項（六十二頁以降）で提起した多くの事項が実現する見込みである。

はじめに

大学の使命は、研究、教育、さらには社会貢献など次第に多様なものとなりつつある。しかし、そのなかでも若い世代に対する高等教育は最も古くから期待されている最も基本的な役割である。本稿は、学部教育の面で米国の全大学のなかで最も優れたシステムを持つとされるプリンストン大学の教育思想とその制度的枠組みを明らかにするとともに、慶應義塾大学湘南藤沢キャンパス（ＳＦＣ）の学部教育システム改革にとってどのような示唆があり得るかを考察したものである。

以下、第一項でプリンストン大学の全体的な特徴を述べたあと、第二項でその学部教育を支える全体的な仕組みを解説する。続く第三項、第四項、第五項では、プリンストン特有の制度であるプリセプト・システム（preceptorial system）、宣誓制度（honor system）、および政策立案実習（policy task force）をそれぞれ解説する。第六項では、プリンストン大学の課題を指摘し、第七項ではＳＦＣの学部教育にとってどのような示唆が得られるかをまとめる。

一　プリンストン大学の特徴

（A）研究系大学ながら学部教育最優先を標榜

全米で最高位の大学

プリンストン大学の第一の特徴は、米国の全大学の中で総合的にみた評価が最高位にある大学であることである。例えば、米国「ニューズウイーク」誌は、入学者の学力水準、教員の充実度のほか、学生対教員の比率、専任教員の比率、財務基盤の充実度合、卒業生による大学への寄付の多寡、といった多様な指標をもとに、毎年米国の全大学のランキング付けを行いそれを発表しているが、最近時点でのプリンストンの評価は、ハーバード大学とトップの座を分け合っている（七十九頁の付表を参照）。

ちなみに、志願者の入学合格率は約一〇％にすぎず、最難関大学となっている（入学志願者は例年およそ一万二千人いるが、そのうち入学が許可されるのはわずか一千百五十人にとどまる）。

広大かつ美しいキャンパス

第二の特徴は、創立の歴史が古い一方、広大でとりわけ美しいキャンパスを持つことである。同大学は、米国の独立より前に創立され（一七四六年創立と全米で四番目に古い）、建学後すでに二百五十五年を経過している。大学の本館（ナッソー・ホール）は、米国独立前に建築された建物であり、歴史的建造物に指定されながら現在もなお使用されているのが印象的である（現に筆者が十四年前に一年間の客員講師としてこの大学に赴任したときにも、新しく着任した教員全員を対象とした教員心得に関する会合がこの建物において実施された）。[1]

一方、中心キャンパスの面積は三百エーカー（約三十六万坪）と広大であり、また自然と建物が見事に調和している。木々の多さ、そして空間の確保は、静寂と精神的爽快さを与えており、学び、思考するうえで望ましい環境を提供しているといえる。

学部教育最優先が基本方針

第三の特徴は、多くの有力大学が研究に重点を置く流れの中で、あくまで学部教育を最優先する方針を採っていることである（teaching is top priority）。例えば、ハーバード大学（あるいはその他多くのトップクラスの大学）では、学部よりも大学院ないし研究活動を重視する方針が極めて明確であるが、プリンストンはそうした流れに抗して一貫して学部レベルの教育重視を標榜している。より正確にいえば、主要大学のなかでは、教育と研究を見事にバランスさせている大学といえる。

米国には学部教育に重点を置く小規模のいわゆる「リベラルアーツ・カレッジ」（教養学部系大学）も多く、それらには高い評判を得ている大学が少なくない（例えばスワスモア、ブリンマー、ハバフォード、ウエズリアン等）。しかし、これらの大学は、教育面で高い評価を受けているにしても、研究面でトップクラスにあるという見方がされることはあまりない。この点、プリンストン大学は、研究主体の大学（research university）と学部教育重視の大学（liberal arts college）の二つの性格を兼ね備えた極めて珍しい存在である。こうした基本方針が不変であることは、機会あるたびに同大学の幹部によって強調されている。

大学での学部教育は、学生が自らの新しい才能、スキル、そして個人的興味を発展させる場と時であり、それを助けるのが大学の役割である、という発想である。そして学部教育の核心は、学生が明晰に考え、明晰に話し、そして明晰に書く能力をどう身に付けさせるか（how to think, speak and write clearly）にある、とされる。つまり言葉のちからがすべての基本であり、それを身に付けさせることが大学教育の核心である、という考えである。

一方、研究面でも第一級の大学であることは、同大学在籍中にノーベル賞を受賞した教員が現在までに十五名いることがそれを物語っている(2)。

小規模かつ全寮制

第四の特徴は、前記第三の特徴から導かれることであるが、研究系の大学に比べると大学自体の規模が格段に小さく、また学部学生は全員学寮に入って勉学する制度（全寮制）を採っていることである。学生数をみると、学部学生が約四千六百名、大学院生が約二千名と学部生が圧倒的に多く、学部学生の人数の点からいえば「アイビーリーグ(3)」のなかで二番目に小さい大学である。規模の拡大をあえて図らない、というのが長年の基本方針である。また他の有力大学に通常設置されているプロフェッショナルスクール（ビジネススクール、ロースクール、メディカルスクール）も設置しないという方針を現在まで貫いてきている[4]。

また、教育は学生同士および学生と教員の間の人間的関係が基礎になるとの考えに基づき、学部学生には全寮制が適用される。学生寮はキャンパスの中に点在し、教室や教員研究室は相互にすべてほどよい徒歩圏内にある。このように学寮が学部生生活の基本となっている点は、英国のオックスフォードやケンブリッジの場合と同じであり、プリンストンの特徴でもある。

きわめて贅沢な大学

第五の特徴は、学部教育がきわめて贅沢なかたちでなされていることである。専任教員は合計八百五十名にも達する。プリンストンの学生総数（前記のとおり学部学生四千六百名、大学院生二千名）はＳＦＣのそれとほとんど同じであるが、教員数からいえばＳＦＣに比べて圧倒的に贅沢である（ＳＦＣの専任教員数はプリンストンの八分の一の約百名）。しかも、プリンストンの教員は全員が大学院と学部の両方を教える（学部での授業を担当しない教員はいない）ことになっており、このため単に教員対学生の比率が五対一と全米で最も恵まれた状況にあるだけでなく実体は他大学のそれを上回っているといえる。

ちなみに、ノーベル賞を受賞した教員（たとえば経済学と心理学の境界領域の開拓で受賞したカーネマン教授）でさえも学部の授業をきちんと担当している。このため、教員数が恵まれているだけでなく、授業内容面においても、学部学生の段階から各分野のフロンティアに接することができるわけであり、いかに学部教育が贅沢になされているかがわかる。

この結果、学費は必然的に高額となる。学生にとって必要な学費は、授業料・寮費・寮食費・学生会費等を合わせて一年間に四万一千三百八十ドル(5)、約四百四十万円にも達する。ただし、入学後に必要となる資金は、個々の学生の必要に応じて給費奨学金（返済不要）、あるいは大学内での何かの仕事への従事(6)、のいずれかまたは両方によってまかなえることを保証する制度を二〇〇一年度以降導入している。それと同時に、従来の貸費奨学金（ローン）を廃止している。その結果、学生が卒業後に学費ローンの返済にわずらわされることのない学資制度になっている。

（B）研究と教育を一体化する思想

大学関係者の間にある最も一般的な理解は、研究と教育（それらに割く時間）はトレードオフの関係にある（一方を立てれば他方は犠牲になる）という認識であろう。研究と教育についての二分法といえる。具体的にいえば、研究は教育よりも上位に位置づけられる任務であり、教育はいわばやむを得ない義務である、というわけである。それにもかかわらず、プリンストンでは、なぜ学部教育最優先の方針が有効に運用され、またそれが教員の間で現に受け入れられているのであろうか。

その直接的な理由は、プリンストンのほとんどの教員が学部教育に強いコミットメントをしており、またそれが教員相互間のプレッシャーとなっているからである。

しかし、より根本的には、プリンストンの教員は研究と教育の統合は可能であるばかりか、研究を進めるうえでそれが真に必要であると考えていることによるためである、[7]

と思われる。例えば「大学において最も大切な学生（student）は教員（faculty）自身である。もし教員が学び続けていなければ、そして成長し続けていなければ、誰も学び成長することは出来ない」という見解がそれを示している。[8] 本当の研究者であるには「いよいよ究めていよいよ遠し」（福澤諭吉）という知的謙虚さ（humility）が一つの不可欠の資質である、といえるのかもしれない。

一方、良い教員であるためには、教えるフロンティアを研究推進を通じて常に押し広げるという活動をしていなければならない（いつも他人の知的生産物を取り込んでいるだけでは良い教員になることはできない）、という理解も広くみられる。結局、教育とは、学生と教員の相互活動であり、単なる研究活動とは異なり、個人的かつ心から満足感を得られる活動である、という認識がここでは支配的である、といえる。

つまり大学とは、学生と教員が相互に教育しあう場所である（教員のモノローグ方式とは正反対）という認識、つまり古代のソクラテス方式がこの大学を支配している、といえるだろう。このため、プリンストンでは教員と学生の一体感がきわめて強く「世界中で最も理想に近い大学」と評価する向きもある。

二　四年間の学部教育を支える仕組み

前記のような高い評価を得ているプリンストンの学部教育は、当然のことながら明確な仕組みが存在することによって初めて成立するものである。具体的には、最初の二年間（一～二年次）と後半の二年間（三～四年次）において、それぞれ特徴的な制度がある。ここではそれらを概観する。なお、全四年間を通じるプリンストン特有の制度（プリセプト・システムおよび宣誓システム）は、それぞれ第三項、第四項で述べる。

これらの制度のほとんどは、ウッドロー・ウイルソン総長（プリンストン大学の第十三代総長、のちに米国の第二十八代大統領に就任）が一九〇五年前後に導入したものであり、その後多少の変遷を伴いつつも当初の骨格は何ら崩れることなく現在に至っているのが特徴的である。

（Ａ）一年生用セミナーと履修科目分散規定

一～二年生のための制度としてとくに重要なものは、二つある。一つは一年生用セミナー（Freshman Seminar Program）であり、もう一つは、履修科目分散規定（distribution requirements）である。

「一年生用セミナー」は、入学早々の早い段階で学生が教員と学問的な接触する機会を与えることを目的とした仕組みである。実施主体は学部（academic departments）ではなく各学寮であり、毎年およそ六十種類ものテーマで実施される（最近のテーマをみると古典文学、考古学、憲法問題、環境問題、政治倫理、地質学など多種多様なものがみられる）。各セミナーの定員は十五名以下に制限されており、教室での授業とは異なり、討議、小論文作成、発表などが重視される。内容は、通常の学科科目の色彩が強いもののほか、映画シリーズ、ゲスト講演、博物館見学、フィールド旅行などきわめて多様である。

学生は履修を希望するセミナーに対して一枚のエッセーを提出し、担当教員の選考を受けてそのセミナーを履修する。重要なのは、これが通常の授業の履修単位の一環として計算されること、そしてセミナーは大半が（大学院生によってではなく）学部長クラスを含む専任教員によって実施されること、である。これは、学部教育が緊密な人間関係の上で実施される必要がある、という認識を示す実例といえよう。

次に「履修科目分散規定」は、①主要な学問分野についてその全体的な知識を与えること、②早すぎる専門化を回避させること、を意図した履修規定である。学生は、ここで多くの科目に触れるうちに、三〜四年生になったときに専攻する領域を見つけだすことが期待されている。これは、日本の大学における従来の履修システムのいわゆる「一般教養科目」履修を一定科目数以上求める制度と類似のものである（日本で戦後導入された新制大学のシステムはこれを模倣したものにほかならない）。

前記のほかに重要なものとしては、「論文執筆プログラム」がある。これは、論文執筆力の強化を図るため、一年生全員に対して一学期間の履修を義務づけるものである。一セミナー（クラス）の人数は、教育効果を挙げるため十二名以下と定めている。

いまひとつは、各学生に対する「学習指導教員配置制度」がある。全ての一年生に教員アドバイザーがあてがわれ、その教員から履修科目および学習上のことがらにつきアドバイスを受ける制度である。この制度は学寮を中心に組織されるので、英国オックスフォード大学の制度と類似したものといえる。ここで重要なのは、ここでの教員アドバイザーは一～二年次だけのものであり、三～四年生になれば、アドバイスすべき内容がより専門的になるので、学寮におけるアドバイザーではなく特定の学科毎のメンバーがアドバイザーになる点である。後者の教員アドバイザーは、次節でみる第三学年論文や卒業論文についても指導を行うことになる。

前記の四つの制度は、いずれも充実度に差異はあれ、考え方としてはSFCをはじめ日本の大学においてもみられるものである。とくに「履修科目分散規定」は、戦後長らく日本の多くの大学で実施されてきたものである。しかし、日本ではいわゆる「教養課程と専門課程の分断」が生じたことから、今日では多くの大学でこの考え方は放擲されているのが実情であろう。この点、SFCはそうした分断が生じていないので、プリンストンと同様の制度がうまく機能する条件を備えているといえる（ただし現行制度が期待通り機能しているかどうかは検討の余地がある。課題と改善案は第七項で論じる）。

またSFCにおいて前記「一生用セミナー」に相当するものとしては、「総合講座」あるいは「パースペクティブ科目」の履修があろう。ただし、これらはいずれも大教室の「講義型授業」であり、セミナーでない点で性格は相当異なる。また「論文執筆プログラム」に相当するものとしては「テクニカル・ライティング」がある。ただし、これは必須科目ではないこと、また全てのクラスが十分に少人数で手をかけた指導ができる体制になっているかどうか、などにつき議論の余地があるように思われる。

「学習指導教員配置制度」に対しては、ＳＦＣで一～二年生に対して設置されている「アドバイザリー・グループ制度」が対応している。ただし、これは、学生個々人に対してではなく学生グループ（二十名前後）に対して一人の教員が割り当てられていることもあり、それが期待通り学習指導の機能を果たしているかどうかは、相当議論の余地がある。いずれにせよ、彼我の差異は考え方の差異によるというよりも、リソース（教員数、予算）面での圧倒的差異に起因する面が大きいといえよう。

（Ｂ）卒業論文と第三学年論文

三～四生にとっての中心的な制度は「卒業論文」(senior thesis)、そしてその前段階としての「第三学年論文」(junior paper) である。これらは、学生が自ら選択したテーマについて自分で論文を仕上げる、あるいは新しいものを創作するという性格のものである。

「卒業論文」は、自分で選択したトピックについて教員アドバイザー指導のもとでオリジナルな研究論文を書く制度である。卒業論文は、最低文字数（単語数）についての規定はないが、概ね五十～百五十枚程度の長さのものが要請され、卒業にとって全員必須である。全ての卒論は当大学の図書館に保存される。優秀な卒論は、学部単位で表彰する制度があるほか、大学全体での表彰もあり、また格別優秀な卒論は教員との共同執筆論文として発展させて専門誌に発表することもあるようである。

卒論の指導方法は多様であるが、学生と教員の会合は、最少の場合は学期に二度程度、そして多い場合は二週間毎に行われる（一回の会合時間は十五分ないし三十分）。

プリンストンの特徴は、卒論が選択制でなく全員必須である点である。ちなみに米国の他の大半の大学では、同様の卒論を"honor thesis"と称して一部の優秀な学生だけに書く機会を与える場合が多い。プリンストンのように卒論を必須とし、かつ学生がそれに多大のエネルギーを投入する仕組みは、この大学の最大の特徴とされており、現に多くの卒業生は「大学時代において最も貴重な勉学経験であった」と評価するケースが多い（ある調査では全体の約四〇％がその旨を回答）。卒論指導は、専任教員にとって負担が相当大きいので、卒論アドバイザーは専任教員以外の教員（場合によっては博士課程大学院生）が担当する場合もある由である。教育リソースに恵まれるプリンストンですらこの状況であるので、他大学（とくに州立大学等）では、リソース面の制約から同様の制度を本格的に実施することは可能といえない、とみる向きが多い。

ＳＦＣに引き直していえば、前記「第三学年論文」は研究会論文あるいはそこでのタームペーパー（学期論文）に該当するとみることができ、また「卒業論文」は卒業製作に相当するものである。日本の多くの大学で卒論は必ずしも必須でないが、ＳＦＣがカリキュラムのうえで卒業製作重点主義を強める方向にあるのは、プリンストンの方式を指向しているといえよう。

三　プリンストン特有の制度（一）――プリセプト・システム

プリンストン大学特有の制度として知られる代表的なものの一つは「preceptorial

system」と称される、講義内容補完のための少人数グループ討議の制度である（以下、プリセプトという）。これは、英国のオックスフォードやケンブリッジのチューター制度（tutorial system）に習ってウッドロー・ウイルソン総長（当時。後の米国大統領）によって一九〇五年に導入されたものであり、現在でも学部教育の効果を挙げる重要な制度として、一般に人文・社会科学の全ての授業について実施されている。

学部の授業科目は、一般的には週二回の講義と週一回のプリセプト（したがって合計三回）から成る（あるいは週一回の講義と週二回のプリセプトで合計三コマの場合もある）。各科目ごとに週一回（あるいは二回）開催されるプリセプトは、学生にとって参加義務がある。[9] プリセプトは、大教室における講義の内容を、より深くあるいはより広い視点から探求する機会を少人数のグループ討議によって提供することを意図している。

（A）プリセプト運営面での特徴

プリセプト運営上の特徴は、第一に、各プリセプトに参加する学生数を十五名以下に限定していることである（現在の平均人数は十二名）。例えば、最も履修者数の多い授業の一つである「経済学入門」（経済学一〇一）は履修者が三百三十人に達しており、その履修者は二十五のプリセプトに分かれる。この結果、一つのプリセプトは、約十三名になり、履修者は毎週一回そこで演習を実施することになっている。なお、授業履修学生は、一般に大学院生担当のプリセプトよりも専任教員担当のそれに所属することを希望する場合が多いが、どのプリセプトに属するかの決定は、学生に選択権を与える場合もある一方、サインアップで早い者を優先する場合もあるなど、各種の方法が採られており一律ではない。

第二の特徴は、プリセプトで扱う内容は、講義内容の復習的なものだけでなく、関連した資料の輪読、特定テーマについての討議など、講義内容を敷延する色彩が強いことである。このため、プリセプト担当者は、事前に学生に対して討議テーマを知らせて準備を促したり、あるいは逆に学生から討議テーマを募ったうえでそれを決めるなど、現在ではプリセプトの運用に関して事前のメールやり取りが相当なされている。

第三に、プリセプト担当者（preceptor）としては、当然多くの人数が必要であるので大学院博士課程学生がこれを務める場合が相当あるが、それに加えて講義担当教員を含めた専任教員もその役割を果たすことである。ちなみに、米国の多くの大学の学部科目においても、確かにプリセプトに類似した制度が比較的多くみられる。例えば、週三コマのうちの一コマを討議クラスと称して院生が担当する内容復習セッションとしている。しかし、プリンストンでは院生だけでなく専任教員が、そのランクを問わず直接プリセプト担当者になっている点が大きく異なる点である。

そして第四に、プリセプト担当者の大多数を占める大学院生がプリセプトで適切に指導できるようにするため、大学が彼らに関連資料を幅広く提供するとともに、彼らを訓練するための組織を作っていることである。すなわち、大学は *Handbook: Assistants in Instruction* というマニュアル（全八十二ページの冊子）を作成し、ウエブ上でそれを提供している。また教員に対する教育方法の指導と改善、学生に対する勉学方法の指導、そして大学院生や博士課程修了者（プリセプト担当者等）に対する教育指導など、教育活動全般を強化するために特別の組織（The McGraw Center for Teaching and Learning）を設置している。[10] さらに、学年度初め（九月）には、新任教員全員を対象とした教育の心得のためのミーティングも開催される（そこでは次に述べる宣誓システムの説明も十分になされる）。

つまり「教えることは学ぶことに他ならない」（teaching as a learning process）という考え方のもとに大学院生と教員が一体化し、ともに学部学生の教育に取り組むという発想（それは本質的に必要な面を持つとともに効率的でもあるという考え方）を基本としているわけである。

（B）プリセプトの運営方法と担当者の役割

プリセプトは、小グループ内で緊密に討議をする場という性格を持つ。つまり学生は、まず、講義内容をより深く理解することを議論することによって学ぶ。ものごとが本当に自分のものになっているかどうかは、それを第三者に説明出来るかどうか、によって判断できる。つまり、グループ討議という刺激の下で、自分の言葉によってそれを表現することによって授業内容の理解を深めること、これがこの制度の第一の狙いである。また、自分らの仲間の中で異なった見解を持つケースから学ぶことも、この制度によって期待されている。さらに、自分自身の見解に対して他者から挑戦を受けることにより、その見解を修正する、あるいはより確固たるものにするという機会を与える意味もある。つまりプリセプトは、考え方の相互交換と議論を通して自ら考える姿勢をお互いにつちかう場である。だから、それは自由対話によって理解を深めるソクラテス方式（the Socratic way）の現代版といえる。

プリセプトを効果的なものにするうえでは、プリセプト担当者の役割がきわめて大きい。その役割は、講義をすることにあるのではなく、また学生の知識を試すのでもない。そうではなく、学生グループをリードして討議させることにあり、それによって学生が課題の核心を理解し、またそれを評価することを手助けすることにある。このため大学は、プリセプト担当者は触媒（a catalyst）である必要があると規定し、次のようなことがらを求めている。

第一に、プリセプトを担当する科目は、その講義担当教員が行う全部の講義に出席すること、授業教材は全部読みかつ理解すること、そして学生のために自分自身のオフィスアワーを設けること、などである。そしてこれらは全体として非常に負担が大きいことを覚悟することがまず求められている。

第二に、次のような具体的対応をすることが大切であるとされ、それらが要請されている。


―議論誘発的な問題提起（thought-provoking question）によって開始する。

―議論を整理する一方、批判的観点から厳密な討議をする。

―討議する課題に必ずしも解答がでなくともよい。

―良い資料（テキスト）を選択し、それを踏まえて幾つかの議論を建てる。

―具体的な事実から次第に抽象的な結論に移行してゆく。

―プリセプト部分に関する成績評価は学生の議論への質的貢献度合によって行う。

―討議すべき論点はプリセプトの数日前に電子メールにより参加学生に送信する。

―十分に準備する一方、その場に則した議論展開も必要であり、両者をうまくバランスさせる。


第三に、異なる意見がでることが極めて大切であることが強調され、このためクラスをその方向に意識的に誘導することが求められている。

そして第四に、考え方（意見ないし思想）に対して知的挑戦をすることが何よりも重要であり、プリセプト参加者（学生）を個人的に攻撃するのは適切でないとされる。これは、単にプリセプト担当者にだけ求められているのでなく、プリセプト参加学生全体に対しても大学が明示的に求めていることである。

以上のようなプリセプト運営のもとに、学生は四つの知的スキル（要約するスキル、応用するスキル、統合するスキル、判断するスキル）を身に付けることが期待されている。

（C）学生からみたプリセプトの評価

大学の認識としても、また学生からみた場合も、現在のプリセプト・システムは全体的によく機能しており、それが危機的状況にあるといった認識はない。ただ、その理念とされていることが必ずしも十分に達成されていないのではないか、という問題意識はある。

このため、学生組織が主体になり学部学生全員に対して二〇〇一〜二〇〇二年にサーベイ調査が行われた。この調査は、電子メールによって学部学生全員を対象として実施され、千六百六十名から回答を得ている（回収率約三七％）。設問に対する回答は、項目選択だけでなく記述によるものも多いため回答量は全部で六百ページ相当に達するものとなった由である。調査チームはそれを分析する一方、学部長、関係教員、そして大学院生などに対して補足的インタビューを行い、その結果を「プリンストン大学のプリセプト制度の現状報告」(*Report on the Status of the Princeton Precept System*) と称する二十ページにわたる報告書としてまとめている。[11] この報告書の主要知見は次の点にある。

第一に、回答を全体としてみると、このシステムを高く評価する声が圧倒的に多いことである（全回答の約四分の三）。ただ、一部には「学生の精神的成長にとって期待したほどの制度ではない」「講義内容の確認作業にすぎない」との声もみられた。

第二に、学生の役割としては、議論に参加することがプリセプト経験にとって重要な要素であるとする向きが当然ながら圧倒的に多いことである（回答の七二％）。このため、学生がプリセプトの事前準備（資料読み等）を十分行わないまま出席する場合には、プリセプトに期待される効果を下げる一因になっていることが指摘されている。なお、事前準備が不十分となる一因は、プリセプトのために指定された資料の分量が過大である、との指摘も少なくない（このような多大な読書要求はアメリカの大学らしいことといえよう）。

第三に、プリセプト担当者のあり方に関しては、幾分批判的な意見が聞かれたことである。すなわち、議論を進める能力、事前準備の程度、熱意、啓発力など、担当者の能力面でかなりのばらつきがあることが指摘された。また、担当者が非英語圏出身者である場合には、英語による意志疎通に問題があるとの批判もでた。そして、学生としては担当者が院生である場合よりも専任教員である場合を好むこと、担当者が事前に討議テーマを電子メールで全員に発信するのは推奨できること、などの点も指摘された。

第四に、科目（講義）担当教授に関しては、その教授とプリセプト担当者の間での連絡の不十分さ、すなわちプリセプトの進め方に対して教授が適切な指示をだしていないこと（プリセプトは担当者まかせになっていること）に相当の批判がみられた。

そして第五に、一つのプリセプトの規模（学生数）は概ね十一～十五名であり、これは適性とされあまり問題とされなかった。

この調査委員会では、以上の知見をまとめた結果、現在のプリセプトは多くの学生を啓発し（inspiring）また知的刺激を与える環境を提供するという観点からは、幾分問題を抱えていると判断し、幾つかの改善提案を示している。それらは次のとおりである。

―プリセプトを担当する全ての大学院生に教育方法のトレーニングを義務づける。

―プリセプト担当者と講義担当教授が会う機会（現在は mentoring program として毎週一回昼食会を持つことが支援されている）を拡充する。

―優秀なプリセプト担当者を表彰する制度を設ける。

―学期の中間時点でプリセプト担当者を評価する制度を設ける。

（D）プリセプト・システムの評価

以上から明らかなように、プリンストン大学のプリセプト制度は学部教育にとってきわめて重要な役割を果たしていると評価できる。とくに、教育は教員と学生の緊密な接触によってこそ大きな効果が得られること（教育手作りの必要性）がこの制度に集約されているように思われる。

一方、それを可能にするには当然ながら投入リソースが不可欠であることも同時に指摘できる。この大学の場合、まず学生一人あたり教員数が潤沢である（日本の私立大学に比べて三倍～八倍の教員数を確保している）。また教員や院生の教育力を向上させるための専門的組織を維持することも含め、学生一人あたり年間四百四十万円もの学費を必要としている。

結局、大学にどのような学部教育を期待するかは、学生（そして学生の両親）の金銭的負担と、期待する教育効果のトレードオフの問題ともいえる。つまり、学生ないし学生の両親がそうした多大のコストを積極的に負担する用意があるかどうか、それとも、例えばプリンストンの半額程度で済む現在の日本の私立大学のあり方のいずれを選択するか、という選択問題という性格を持つ。また大学教育（公共財的性格を持つ）に政府がどの程度財政的支援を行うかという根本的問題にも関連することである。[12]

このようにみると、プリンストンの優れた制度を直ちにＳＦＣあるいは日本の大学に移植することは、少なくとも短期的には実現可能性が乏しいといわざるを得ない。ただ、幾つかの示唆は得られる（第七項でまとめて述べる）。

四　プリンストン特有の制度（二）――宣誓システム

プリンストン特有の今ひとつの制度は「宣誓制度」（honor system）と称されるものである。これは、全ての筆記試験は学生の正直（honesty）を前提とし教員による試験監督なしで実施する、という驚くべき制度である。[13] 筆者の知見によるかぎり、研究面で著名な米国の他の大学のなかでは同様の制度を持つ大学は全く存在しない。[14] そしてこの制度も、プリセプト制度と同様、ウッドロー・ウイルソンが同大学総長であった時代に導入されたものである。

（A）宣誓制度の意味と導入の経緯

この制度は、筆記試験中の学生の行動に関する全ての責任は学生自身が負う、との考え方を基礎とするものであり、筆記試験を行う場合、教員は試験問題を配布したあとは自室に帰り、試験終了時になってから再び試験実施教室に戻って解答用紙（bluebook）を回収して持ち帰るという仕組みになっている。つまり、筆記試験中には試験監督者を一切配置しないという思い切ったシステムである。これは全ての筆記試験に適用される。

こうした方法による試験が誠実に実施されるためには、当然その規則（Princeton Honor Code）[15]が明定されており、この規則を受け入れることが全ての入学許可者にとってプリンストン大学入学の条件とされている。すなわち、学生は「私はこの試験中に他人に手を貸したり、あるいは他人から手を貸してもらっていないことを私の名誉にかけて誓約します」[16]という一文を答案用紙に署名する義務が負わされている（名誉ある宣誓制度といえる）。

この制度は、百年以上も前（一八九三年）に創設され現在でも生きているものである。ここで重要なことは、制度を発案したのは教員でなく学生側であり、それが大学の公式制度として確立された点にある。このため、違反者は、学生の代表によって構成される懲罰委員会にかけられ、その委員会が教授会に対して当該学生の停学ないし退学を発議して処分される仕組みとなっている。罰則としては、一年間の休学（最も多いケース）、あるいは二年間ないし三年間のそれがあり、二度目の違反をすれば退学処分となる。

（B）宣誓制度の評価

この制度は、ルールとしてよりもむしろ誠実さと名誉ある振舞いという高い精神性に大きな意味があるとされており、プリンストン大学の関係者は、これを教育上大きな意味を持った高貴な伝統として語ることが多い。

果たして、これがどの程度機能しているのか。これはきわめて興味深い点である。幸い大学の公式ウエブページにその実体情報が掲載されている。それによれば、毎年およそ十五〜二〇件が規則違反の疑念で審査され、うち三〜五件程度が規則違反と判断されて処分されているとのことである。つまりこの制度は、強い実効性を伴って実施されているといえよう。

以上の宣誓制度は教室で行われる試験に関するものであるが、より広く勉学や授業全般に関しても、同様の趣旨である「学問上の誠実性」（academic integrity）が制度化され、学生に求められている。すなわち、論文執筆に際して他人の論文を盗用ないし剽窃した場合には厳しい罰則が伴うこと、などの規定である。ただ、これは何もプリンストンに限ったことではなく、その他の大学や日本の大学でも当然規定されているものである。

したがって、プリンストンのユニークさは、やはり筆記試験に関する監督者不在制度にあるといえる。

五　プリンストン特有の制度（三）――政策立案実習

以上述べた二つの制度は、プリンストン大学全体に関するものであるが、ここでは社会科学系ないし政策系の学部教育に特徴的である同大学の一つの制度を採り上げ、解説する。

（A）政策志向のウッドローウイルソン・スクール

プリンストンには、ＳＦＣ総合政策学部にきわめて類似した「ウッドローウイルソン・スクール」（Woodrow Wilson School of Public and International Affairs[17]）という、公共部門および国際問題を扱う学際的な学部がある（学部のほか大学院も博士課程まで整備されている）。学部案内によれば、この学部は「問題解決を強調するとともに政策指向型である」（policy-oriented and emphasizes problem solving）点に特徴があり、まさにSFC総合政策学部に酷似している。

一般にプリンストンの学部学生は一～二年次には「専攻科目」（major）を持たないが、三年次に進級する時点でそれを決める必要がある。その時点において、ウッドローウイルソン・スクール（以下WWSと略す）への所属を希望する学生は志望理由書を提出し、その中からWWSの教員が学生を選別して所属を許可する仕組みとなっている。WWSへの進学（三～四年時における在籍）は人気が高いが、収容人数は毎年九十名に限定される。

WWSでは、多様な授業科目が提供されている。それらは政策ないし国際問題に関連する学科との相乗り授業（code share）も少なくないが、WWS独自の授業科目も相当多い。後者の中では、とくに学部生に対して「政策立案実習」（policy task force）というユニークかつ必須の科目を設けていることが注目される。これは、政策立案に関する実地調査研究実習とでもいうべき科目である（以下では「政策立案セミナー」と呼ぶことにしよう）。

(B) 政策立案セミナーとその運営

「政策立案セミナー」の目的は①重要な国内問題ないし国際問題に対する政策のあり方を学生が能動的に探求する機会を与えること、②インタビュー、口頭発表、グループ研究、意思決定の訓練、などの機会をあたえること、にある。

政策立案セミナーは、毎学期約十科目(コース)が開講される。三年生は、秋学期、春学期それぞれ一つのコースを履修する。三年次に求められる第三学年論文(略称JP)はこの「セミナー」の成果として執筆し、また四年次に執筆する卒業論文の内容も通常はこのセミナーで扱うことと一体化したものになる。

このセミナーは、専任教員あるいは特定分野の専門家(招聘教員)の指導のもとで学期単位で完結する活動を行う。一つのセミナーの定員は八名程度に限定されており、密度の高いグループ作業をすることを前提としている。テーマとして提示された問題の解決および政策立案に際し、履修学生はどんな学問領域でも、あるいはどんな技法でも自由かつ弾力的に活用することが奨励される。各セミナーとしての会合は週一回、長時間にわたって持たれる(すべて夜七時三十分から十時まで)。

セミナー担当教員（専任教員または招聘教員）は、学生に対して当該問題分野の基礎知識、関連文献、インタビュー先についてのヒント、などを提供するが、分析、政策の構成、そして最終レポートについては学生が全責任を持つことが要請されている。

そして、政策に関する調査立案の最終結果は、レポートとして取りまとめられる。その場合、三年生が執筆するすべてのレポート（ＪＰ）は、素稿の段階で担当教員が読むとともに、チーム（当該セミナーの履修者全体）によって討議され、必要に応じて内容が改定される。一方、チーム全体としての成果は、政策提案を伴った最終報告書として完成させる。

（Ｃ）政策立案セミナーのトピック

政策立案セミナーで採り上げられるトピックは、通常、論争の的になっておりかつタイムリーなものが列挙される。したがって、毎年異なるテーマとなる。ちなみに、二〇〇二年春学期の場合のテーマは次のとおりである。

―アメリカの選挙制度改革

—ニュースの将来
—国際投資・環境保全・公正な労働慣行
—原子力の将来
—医療保険における処方箋適用医薬品
—イスラム諸国における性差と教育
—人権およびテロリズム対応
—放課後プログラムと問題児童
—生殖支援技術

「問題発見・問題解決」型の教育を指向するSFCにとって、前記のセミナーは興味深い仕組みといえる。SFCで直ちに同様の科目を設置する必要性もまた現実性もないが、カリキュラム改革に際してヒントになる面も少なくない（関連する具体的提案は第七項で述べる）。

六　プリンストンにおける幾つかの課題

以上見たように、プリンストン大学とその学部教育は、率直にいってすばらしい。またキャンパス、学園環境、学生数に対する教員数の多さ、多様性など、多くの面でうらやましいものがある。理想的なキャンパスと教育である、といえるかもしれない(18)。ただ、問題ないし課題もむろんある。

一つは、この大学特有の有効な教育制度であるプリセプト制度においても、前述したような課題が残されていることである。例えば、プリセプト担当者のいかんによって当該プリセプトでの学習に対する評価に相当差異が生じていること、あるいは講義担当教員とプリセプト担当者の間の意志疎通が必ずしも十分になされていない場合もあること、などである。これらに対して大学は種々改善を図りつつあるようにみえる。

二つめは、一～二年生と三～四年生が居住面でもまた意識の面でも幾分分断されていることである（日本の多くの大学に則していえば、教養課程と専門課程が統合されず分離した状態にあることに相当する）。これは一つには、プリンストンでは一～二年生用学寮と、三～四年生用学寮が別れており、上級生と下級生の接触が多少妨げられている面があることに原因がある。この状況を改善するため、大学は従来型の学寮に加え、一～四年生が共同で居住する新しい学寮を目下建設中である（二〇〇六年完工予定）。なお、この点に関していえば、SFCは各学年次の学生が色々な面で継ぎ目なくつながっているので、優れたキャンパスといえよう。

三つめは、授業料など在学コストが非常に高額であることである。学生にとって年間経費は約四百四十万円にも達する（郷里との往復交通費等は除く）。これは、前述したように大学教育に関する基本的考え方の問題に帰着する。

四つめは、現代社会を特徴づける情報通信技術（ICT）とその利用に関する教育が独立かつ重要な科目としては組み入れられていないようにうかがわれることである。SFCのカリキュラムを基準にすれば、プリンストンではいかにも伝統的科目が中心になっているという印象がある。ただ、ICTのスキル習得は色々な授業科目のなかにしっかりと組み込まれており、このため別途独立した科目として教える必要性は乏しい、というのが一般的認識であるように思われる（例えば筆者の質問に対して入学担当責任者はこのように答えた）。ちなみに、ここのＩＣＴ環境は学生にとって十分に整っているようにみえる。多くの学生や教職員が集まるキャンパスセンターでは、デスクトップ型コンピュータが多数配置され自由に使用できるようになっているほか、学生は自分のＰＣを持ち歩いており、ＳＦＣの風景と変わるところはない。

五つめは、ここでは、歴史的にもまた現在でも徹底したリベラルアーツ型教育の方針をとっていることである。それはＳＦＣ型の問題発見・解決型の教育とは相当異なるものである。リベラルアーツ型教育（その場合には早すぎる専門化は回避させる方針が採られる）と、そうでないタイプ（科目履修に高い自由度を与えるとともに早すぎる専門化も許容ないし奨励する。即戦力型教育という面も持つ）はいずれが望ましいのか。その優劣に対する解答は、学部教育のあり方の基本思想に関わる問題であり簡単に断定的結論をだすことはできない。どちらが究極的に望ましいのかは、学生が大学を卒業した後、長年月を経てはじめて回答がでる性質の問題である、という以外にあるまい。

七　ＳＦＣの学部教育にとっての示唆

プリンストンの学部教育システムから、ＳＦＣの学部教育にとってどのような示唆が得られるだろうか。むろん、二つの大学ないし学部教育システムの間には大きな差異があるのでこの答えは容易でない。

例えば、プリンストンは全寮制であるのに対して、ＳＦＣはそうではない。また、学生に対する教員の指導可能密度を示す学生対教員比率をみても、プリンストンは全米で最も恵まれた状況にある（五対一）のに対して、ＳＦＣでは一人の教員が相手にする学生数はプリンストンの七〜八倍に達するのが実情である。さらに、プリンストンでは学生の卒業比率（四年間勉学後に順調に卒業する比率）が九七％ときわめて高く、ＳＦＣは残念ながらこの面でもやや及ばない。そしてＳＦＣは大学予算面における制約も大きい。

これらの事情を考えると、プリンストンの優れた面をＳＦＣに取り入れようとしても、出来ることと出来ないことが出てくるのは当然である。ただ、ＳＦＣのカリキュラム改善にとって幾つかのヒントは得られる。そこでどのような点がそれに該当するかを整理することとしたい。

ところでSFCは、ごく最近（二〇〇五年一月～二月）全在学生に対してSFCカリキュラムに関する調査（特別調査）を行った。その結果が一応集計できているので(19)、まずその要点を筆者なりに整理し、ついでその結果も併せて考えることにしよう。

（A）SFCカリキュラムに関する対学生アンケート調査

今回行われた調査は、SFCのカリキュラムに関する在学生対象アンケート調査のなかで、多分これまでで最も網羅的かつ回答分量の多い調査である。調査対象はSFC在学中の一～四年生であり、回答はウエブ上に書き込む方式によって実施され、八百四十七人から回答を得ている（回答率二〇％）。質問は選択肢から選んで回答するものと、文章記述によって回答するものの両方があり、回答結果は合計約十八万字、プリントすれば約百八十ページ（およそ書物一冊分の分量）にも達する膨大なものである。

調査内容は多岐にわたるが、これは二〇〇一年度に実施された大幅なカリキュラム改革すなわち「ＳＦＣバージョン2.0」導入につき、その基本的意義を学生の観点から総合的に評価するものといえる。その調査においては、とくに、

①学習領域群として束ねられた「クラスター」が科目履修上ガイドラインの機能を果たしているか、

②科目履修のうえで学年制を事実上廃止し自由化したことが意図したとおりの望ましい結果をもたらしているか、

③勉学ごとに学部での専門的研究は、教員（ひと）に就いて行うよりもむしろ研究プロジェクト（こと）を巡って行うという考え方（研究会を研究プロジェクトに名称変更したことに象徴される）が成功しているか、

といった点の評価が特に重要であろう。調査結果は多面に亘っており、したがって単純にまとめることはできない。ただ、筆者が素読する限りでは、新カリキュラムの長所が種々指摘されている一方、次のような点が今後の課題として浮かび上がっているようにみえる。(20)

浮かび上がった幾つかの課題

第一は、クラスター制は、その意図が学生からみて不明確である一方、ＳＦＣが標榜する「問題発見・解決」型教育システムもその制度を軸に機能する構造になっていないことである。現に、回答した学生の過半数は、クラスターは現時点で履修上役に立っていないとしている。「問題発見・解決」型教育、あるいはＳＦＣの「専門性」は、既存の学問分野の知識習得にあるのではなく問題発見・解決能力の習得にこそあることを標榜する以上、すべてのカリキュラムはこの一点を基本尺度として再構築する必要があるのではないだろうか。

第二は、科目履修のうえで学年制を廃止した結果、多くの授業において例えば一年生と四年生が同時に履修する現象が発生し、それが結果的に授業の内容およびレベルに歪みをもたらしている（難易度や専門性の点で少なからぬ数の授業が中庸化している）可能性があることである。これはまた、汎用科目、専門科目、クラスター科目の意味やそれらを通した科目構造の不明確さを強める一方、難易度に応じた展開（基礎的内容から専門的内容への段階的発展）も適切に設定されていない、という学生の認識につながっている。さらに、これらの結果、履修科目が系統だっていない、相互関連が不透明である、といった認識（科目間の系統性の欠如）も生じている面がある。

科目履修における学年制廃止は、確かに一～二年生や一部の意欲的な学生からは評価されているが、一方三～四年生を中心にやや批判的な意見も少なくない。この問題に対しては、科目群の系統化や明確化（例えば専門科目とクラスター科目の統合）、難易度や専門性における自然な履修展開の確保（例えば事前履修科目の充足条件厳格化）などの方向で検討すべきであろう。

第三は、一～二年生のうちは科目履修の自由度がきわめて高いので学生の満足度が高いが、三～四年生になると学生毎にその差が大きくなり「専門性」のなさ（広いが浅い）をなげく声が増えることである。この原因は、従来から指摘されている総合政策学の従来の意味における「非専門性」という性格を反映している面があろうが、そのほか前述した講義科目の「中庸化」、科目履修（卒業要件）における特定領域集中の不必要性、卒業制作（卒業論文）の非必修制、といったカリキュラムのあり方も影響していると思われる。もしそうであるならば、学生がＳＦＣで「専門性」を身に付けたと自信がもてるようなカリキュラムを工夫し、それに向かって改善することが必要かつ適切である。こうした方向への改善の余地は相当あると思う。

第四は、前記第三のことと関係するが、学生はカリキュラムないし授業方式が、専門性をより高める方式に変更されることを期待していることである。たとえば、現在最も専門性を身に付けることができる場とされる「研究プロジェクト」（以前の研究会、いわゆるゼミ）に高い評価を与えているが、各学期において履修可能な研究プロジェクトの数を増やしてほしいという希望が相当多く寄せられている。また卒業論文を必須化すべし、とする意見も全体として根強く存在する（むろん非必須の継続を求める声もあるが）。さらに、授業の方式として、現在の原則週一回の授業を毎学期多数履修するという方式から、一科目週二回程度の履修にするとともに必要履修科目数を減らすべきである、との声も少なくない。

これらを全体としてみると、学生は（とくに三～四年次においては）「広く浅い」方式ではなく、基礎学力の充実および専門性の両方を求めていること（あるいは現在の方式では「カルチャーセンター」的な学習しかできず基礎学力が十分身に付かないという認識）がアンケートから読み取れるように思われる。これらの要請に対し、カリキュラム改善で対応するのはさほど困難でなく、また非現実的でもないので、しかるべき対応が必要である。

第五は、ＳＦＣバージョン2.0のカリキュラムでは、学部での専門的研究は「教員（ひと）を取り巻くゼミナールという人的つながりを重視した形式よりも、むしろ研究プロジェクト（こと）に学生が参加しそこでの活動を通して行うほうが研究の先端的部分に常時触れるので望ましい」という考え方が導入されていたが、それはあまり支持されなかったことである。端的にいえば、従来「研究会」と呼んでいた授業科目（人的集合体を示唆）を新カリキュラムで「研究プロジェクト」という名称（人的要素よりも活動に重点があることを示唆）に変更したが、その発想は受け入れられるものとはならなかった、といえる。

現に、このアンケート調査の文章記述式回答においては、ほとんどの場合「研究プロジェクト」のことを学生自身「研究会」と表現しており、またわれわれ教員も通常は依然として「研究会」と呼んでいる。つまり、学部教育は抽象的な「プロジェクト」によって遂行されるというよりも、もっと人間的側面（人的要素ないし属人性）が現実には重要であることが示唆されている。ＳＦＣのように多様な履修科目がある状況の下での履修科目選択においては、学生にとっては、各教員とその性格を反映した研究会の実態こそが最も重要になる。

ＳＦＣでは従来、属人的要素をできる限り排除しようとする方針がとられてきたが、この点は再検討が必要である。むしろ、その観点をカリキュラム上積極的に取り入れることを検討すべきであろう。例えば、研究会としての履修推奨科目を掲げることによって学生にガイドラインを提供するとか、研究会、研究会推薦科目、関連領域科目（現在のクラスター科目）を有機的に関連づける、といった工夫の余地が相当あろう。

第六は、学生が履修科目を決めるに際し、アドバイスを受ける仕組みが欠如していることに対して学生は不安と不満をいだいていることである。ＳＦＣ創設時から存在するアドバイザリー・グループの仕組み（学生二十名程度をグループとして一人の教員がアドバイザーの役割を果たす仕組み）は、残念ながら学生が履修科目を検討し決定するうえでは全く機能していないことがうかがわれる。むろん、ＳＦＣとしては「学習指導」

担当教員の制度を持っており、制度上は一応の対応ができている。しかし学生はそれを十分に利用しているわけでない。アドバイザリー・グループあるいは学習指導担当教員制度の改革など、学生の履修科目決定が適切にできるような制度を工夫する必要が大きい。

（B）ＳＦＣの学部教育にとっての示唆

プリントンにおける制度とＳＦＣカリキュラム上の課題の二つを重ね合せると、ＳＦＣにとって次のような制度改善を検討課題として指摘できよう。ＳＦＣでのカリキュラム改革の議論を活発化するため、以下あえてやや具体的に列記してみたい。

専門性強化の方策

大きな方向としては、まず「専門性」を強化するための改革を挙げることができる。

具体的事項の第一は、プリンストン（卒業論文を勉学の総決算として位置づけ）のように卒業制作あるいは卒業論文を必須化することである。ＳＦＣのバージョン2.0はすでにこの方向（卒業制作中心主義）を指向しているが、それを制度的にもまた実体的にも一層明確化、強化する必要があるのではないか。例えば、研究会は必須にしないまでも従来以上に履修単位数を多く配分する（その一方で教員の授業持ちコマ数を減らす）などが検討できるかもしれない。

第二に、ＳＦＣの授業科目はここ数年間でその内容や難易度（レベル）が前述したように全体的に「中庸化」あるいは水平化する傾向にあるが、それを実体的にいま少し垂直化する方向で改めることである。ＳＦＣは（プリンストンと同様に）一～四年生が全員同一キャンパスで同一教員から学ぶことができる長所を持っている。この環境の中でも厳然と垂直性を維持しているプリンストンに習い、授業科目の内容や難易度をより適切に構造化するという対応が不可欠ではないか。

例えば、事前履修要請科目（prerequisite）の充足条件を現在よりも厳格化することはその第一歩になる。その場合、担当教員による対応（反省）が求められるほか、それを保証する制度的な整備も必要になろう。また各科目につき、この観点からみた位置づけが妥当なものとなっているかどうかを総点検すること、さらには汎用科目、専門科目、クラスター科目という区分を全面的に見直すこと、なども検討すべきであろう。

第三に、全授業を週二コマ化（あるいは必要に応じて一部は三コマ化）することである。確かにSFCでも、外国語関係の授業のほか、一部の授業ではすでにこれが実施されている。しかし、大半の科目は伝統的に週一コマである。広く（つまり多くの科目を）浅く履修させるのは、一見視野を広げるようにみえるものの基礎学力や専門性を習得させるには適したものといえないのではないか。

プリンストンではもとより米国の大学では、通常の学部科目を週一コマ対応にするということは全く考えられないことであり、全科目が原則週二コマないし三コマである。SFCの授業科目もこの方向で改革することが強く求められていると思う。そうするには、むろんリソース面での制約がある（専任教員の授業負担を現在以上に増大させることは不適当であり、また現に可能ともいえない）。

しかし、一コマ目を講義とした場合、二コマ目の授業は①当該授業の内容理解を深めるないし発展させる趣旨のコマとして位置づける（プリンストンにおけるプリセプト、あるいは米国の大学で一般的に討議クラスあるいは練習問題実習として位置づけられるコマと同様のものを設ける)、②その指導は、すでに一部のＳＦＣ授業で行われているように大学院生（あるいは外部講師）を積極的に活用する、という対応をすれば実現できよう。

第四に、研究会履修者が卒業制作を行う場合、研究会担当教員は、その指導をも併せて行うこととし、この面で教員に追加的教育負担を負わせることである（卒業制作を必須にすれば当然その履修者が増加するので研究会担当教員の負担は現在よりも増加する)。むろん、教員のその負担増加分は他の面での負担軽減と見合うような工夫をすることも同時に行う必要がある（講義種類の統廃合など)。

卒業制作を必須にする場合、当然そのための指導体制をつくる必要があるが、ＳＦＣでは、プリンストンのようにそのための担当教員を新たに指定する必要はない。確かに個別指導（チューター制）にはならないものの、現在の研究会（集団指導）の機能を拡大することによって、より多くの学生に個別的要素の強い勉学の機会を与えることが可能になろう。これは、ＳＦＣの教育における人的要素を従来よりも強化する面で望ましいといえる。

第五に、プリンストン大学（ウッドローウイルソン・スクール）で実施されている学部レベルの「政策立案セミナー」（詳細は第五項で述べた）に類似した科目を導入することである。すでにこれに類似した授業形式を取り入れた授業を行っている例（教員）もSFCになくはないが、①従来の研究会の運営方式変更によってこれを実施する、あるいは②新規プロジェクト科目としてこのスタイルの科目を設置する、のいずれかによって導入することが望ましい。そして、この政策立案セミナー、または（従来の）研究会のいずれかを必須科目にすることが考えられる。

それによって学生は、実地経験によって得た政策立案能力ないし「専門性」を獲得する（政策立案セミナーを履修する場合）、あるいは専門性の高い科目履修をする（研究会を履修する場合）、のいずれかができ、専門性を身に付けることになろう。なお、政策立案セミナーの担当は、専任教員があたってもよいが、プリンストンの場合のように、外部の政策担当者（政府や各種組織における専門知識をもった担当者）を特別招聘教員として採用するのがよかろう。それは、政策企画の現場性（臨場性）を持たせるだけでなく、専任教員の負荷増大を回避できるからでもある。また、このセミナーの成果をまとめて対外的に出版することも大きな意味をもつであろう。それを体系的に公表する具体的な仕方も併せて検討すべきだと思う。

学部下級生のための方策

以上は「専門性」強化という観点からの提案（したがってもっぱら学部上級生用）であるが、その他に学部下級生用のカリキュラムについても、導入を検討すべきことがらをいくつか指摘しておきたい。

一つは、アカデミック・スキルを向上させるため、プリンストンでの論文執筆セミナーにならい、論文執筆を指導する科目（セミナー形式）を大幅に拡充すること、そして少なくともいずれか一つの学期においてそれを必須にすることである。現在も類似した科目がすでに存在するが、履修希望者に比べるとそのクラス数が圧倒的に不足している（また学生の要望も強い）。なお、口頭発表（プレゼンテーション）を指導する科目（セミナー）も導入ないし拡充するのが望ましいが、まずは論文執筆という基本スキルの習得を徹底すべきであろう。

いま一つは、プリンストンでの一年生セミナーに類似した科目（セミナー）を新規に導入することである。新入生が研究者と直接（少人数のグループながら）接触する機会を設けることは、大きな意味がある。

現在のカリキュラムでは、総合講座と称する大教室での講義、ないしアドバイザリー・グループと称するアカデミックとはいえないグループ別指導が制度的に存在するだけであり、新入生にとって真剣な学問的接触の機会はカリキュラム上欠落している。新入生が後者の機会に恵まれていれば勉学上大きな意味を持つ。しかし、現在はSFCを含め多くの大学ではそうなっていないので、学生が入学後まず初めに失望するのが現実の姿になっている、といわれている。この問題は是正が必要であり、それは総合講座とアドバイザリー・グループ（の二つに注がれている教員の時間的労力的負担）を統廃合することによって可能にする方途を検討すべきだと思われる。

全学年に関係する幾つかの改革

最後に、全学年に関係する改革を二つ提案しておきたい。

一つは、前記アンケート調査に強く現れていたように、ＳＦＣでは学生がどの科目を履修すべきかを指導する体制が実際には機能していないので、プリンストンのように履修科目に関する教員アドバイザー制度を確立することである。その場合、一年生にとってのニーズと上級生にとってのそれは異なる（後者ではより専門的な観点からのアドバイスが必要となる）ので、これまたプリンストンにならい二つのタイプのアドバイス機能を設けるのが適切であろう。

いま一つは、プリンストンが誇りとする特有の制度、すなわち全ての筆記試験は教員による試験監督なしで実施する宣誓制度（honor system）をＳＦＣでも導入することである。むろん、ＳＦＣで現在これを実施する必然性は乏しい。また、ＳＦＣの期末試験等の試験時間は一時間内外であり、この間に教員が個人研究室に戻ったあと答案回収のために再び試験実施教室に出かけるというのは、効率的ともいえまい。しかし、この制度によって誠実さ（インテグリティないし誠実さ）を理解させ身に付けさせるという教育面での効果は大きいものがあろう。

プリンストンだからといって学生が聖人ばかりというわけでもない（前述したように

毎年およそ十五〜二十件が宣誓制度の規則違反の疑念で審査され、うち三―五件程度が規則違反と判断され対処されている)。SFCで実施する場合、いきなり全部の筆記試験にこれを導入する必要はない。しかしSFCは万事実験キャンパスの性格を持つ以上、一部科目ないし一部教員からでもまず実験的に導入する価値はある、と筆者は考えている。それは、教育における新しい考え方の導入として再び他大学から注目されるのではなかろうか。

SFCは、その核心であるカリキュラムについても、前述した様々な観点を弾力的に取り入れて自ら「問題発見・解決」型で対応し、引き続き日本の大学改革をリードしてゆきたいものである。

(慶應義塾大学 湘南藤沢学会「リサーチメモ」第十二号、二〇〇五年四月)

付表　米国における大学ランキングの上位20校（博士課程をもつ大学の場合）

第１位　ハーバード大学
　　　　プリンストン大学
第３位　イエール大学
第４位　ペンシルバニア大学
第５位　デューク大学
　　　　マサチューセッツ工科大学
　　　　スタンフォード大学
第８位　カリフォルニア工科大学
第９位　コロンビア大学
　　　　ダートマス大学
第11位　ノースウエスタン大学
　　　　ワシントン大学（セントルイス）
第13位　ブラウン大学
第14位　コーネル大学
　　　　ジョンズ・ホプキンズ大学

第17位　シカゴ大学
第17位　ライス大学
第18位　ノートルダム大学
第18位　バンダービルト大学
第20位　エモリー大学

（出典）*America's Best Colleges*,「USニューズ&ワールドレポート」誌、二〇〇五年版。

註

（1）創立の古い順に挙げると、ハーバード、ウイリアムアンドメアリー、イエール、プリンストンである。

（2）〈http://www.princeton.edu/pr/facts/nobels.html〉。因みにノーベル経済学賞では、アーサー・ルーイス（一九七九年）、ジョン・ナッシュ（一九九四年）、ダニエル・カーネマン（二〇〇二年）の三名の受賞者をだしているほか、数年後に受賞が確実視されるポール・クルーグマンも現在ここに在籍している。

（3）ブラウン、コロンビア、コーネル、ダートマス、ハーバード、ペンシルバニア、プリンストン、イエールの東部八大学。いずれも米国における名門大学とされる。

（4）厳密にいえば、プリンストン大学でもプロフェッショナルスクールに該当するものが現在三つ存在する（School of Engineering, School of Architecture, Woodrow Wilson School of Public and International Affairs）。しかし、これらいずれにおいても、学部学生の数が大学院生の数を上回っており、学部中心であるのが特徴的である。

（5）Princeton University, *Undergraduate Announcement 2004–2005*, 十六ページ。

（6）仕事は、食堂、図書館、コンピューターセンター、その他一般事務などがあり、新入生の場合、一週間の作業時間は平均九時間である。

（7）この点は、プリンストン大学の基本的性格に関する大学幹部の理解を記述した書物、William McLeery (1986) *Conversations on the Character of Princeton* (Princeton University Press) を貫く基本的トーンであり、また筆者が接した限りでもプリンストン関係者がいだく基本的理解である。

（8）ちなみに、米国の大学で優れた教育を行っていると評価されている相当数の教員（七十～八十名）の考え方や教育方法を多面的に検討した調査結果が Ken Bain（2004）*What the Best College Teachers Do* (Harvard University Press) として刊行されている。その調査結果によれば、大学教員が学び続けることによってはじめて教えることが出来る（よい教育者であるには良い研究者であることが必要条件である）ことが強調されている。

（9）当該授業の最終的な成績評価において、プリセプト参加は相当程度考慮される。

（10）〈http://web.princeton.edu/sites/mcgraw/〉でその概要が説明されている。なお、前記の *Hand-*

book: Assistants in Instruction もここからダウンロード可能。

(11) 報告書全文は〈http://www.princeton.edu/usg/docs/precept.html〉から入手できる。

(12) プリンストン大学が連邦政府からどの程度の資金援助を受けているのかは重要な調査課題であるが、今回は調査する余裕がなかった。この情報は同大学のウエブ上にも見当らない。

(13) この制度については、すでに述べたことがある。岡部光明（二〇〇〇）「正しさを追求する姿勢」『大学教育とＳＦＣ』（西田書店）を参照。なお、これはウエブ上にも掲載してある。〈http://web.sfc.keio.ac.jp/~okabe/essay/rightful_and_just.pdf〉

(14) ただし、小規模のリベラルアーツ系大学のなかには、同様の制度を持つ大学もある。例えば“Seven Sisters”と称されるグループ（米国東北部に所在し高い評価を得ている七つの小規模大学）の一つであるブリンマー大学では、筆記試験は教室で行われるのではなく、学生が各自持ち帰って、しかも学生自身の都合の良い時間帯に試験監督なしの状態で実施するという形態で行われている。なお、この点は、同大学に留学中の木村暁穂君（岡部研究会所属）の指摘による。詳細は〈http://www.brynmawr.edu/deans/honor_code.shtml〉を参照。

(15) その全文はウエブ上にも掲載されている。〈http://www.princeton.edu/~honor/〉

(16) “I pledge my honor that I have not violated the honor code during this examination.”

(17) 詳細は〈http://www.wws.princeton.edu/〉を参照。なお、筆者はかつて（一九九〇—九一年度）このWWSで客員講師として一年間教壇に立った経験があるが、当時担当したのは大学院の授業であった（学部の授業には関与しなかった）ので、学部教育については今回あらためて詳しく調査する必要があった。

(18) キャンパスガイドの学生に「プリンストン大学の問題点は何か」と質問したところ、問題点はなかなか思いつかないという風情であった。しばらくの後、その学生は以下で述べる二つ目の点を問題点として指摘したのが印象的であった。

(19) 慶應義塾大学湘南藤沢キャンパス（二〇〇五）「カリキュラムに関するアンケート（学部生対象）全体調査」授業調査（特別調査）結果。［内部資料］

(20) 以下はあくまで筆者がこの集計結果から得た個人的感想である。カリキュラム改善委員会としては、まずこの調査結果をていねいに分析し、全体として何が読み取れるかを報告書としてまとめること（改善すべき課題について共通の理解をえること）が必要かつ第一のステップであろう。調査結果には、当然のことながら瑣末な意見が少なくない一方、本質的な意見も含まれており、それらを識別し整理する必要がある。そのためには、例えばアゴラ（討議のための全員教員集会）を一回ならず開催することを考慮すべきであると思う。カリキュラム改善の具体化は、その次の段階にくるべきものであろう。

第二章　総合政策学の確立をめざして

（一）総合政策学とは何か

「学士（総合政策学）の学位を授与する」。総合政策学部の卒業証書にはこのように記載されている。いったい総合政策学とは何か。総合政策学部の教員には、当然それをきちんと説明することが求められている。

難しい課題だが、自分なりの説明はかつて小島朋之教授と共同で『総合政策学の最先端I』[1]の冒頭に書いた。ただ、それは一応の説明にとどまっており、残念ながら深いところから立論するには至らなかった。

しかし、最近進展している公共政策論、情報の経済理論、契約理論、制度設計論などを援用すれば、総合政策学をより明確に「理論づける」ことができるのではないか。この半年間は、もっぱらこの課題に対する解答を書くため、日々悪戦苦闘してきた。文部科学省の二十一世紀ＣＯＥプログラム「総合政策学先導拠点」[2]に参加しているメンバーから教わることも多い。

この問題に対する私の第二次解答は間もなくでき上がる見込みであり、ＣＯＥメンバー各氏の関連論文ともども書籍『総合政策学』（慶應義塾大学出版会）に集録され、この秋に世の中に出る予定になっている。

（慶應義塾大学ＳＦＣインターネットホームページ「研究の現場」、二〇〇五年六月、
http://www.sfc.keio.ac.jp/visitors/whoswho/20050620_f.html）

註

（1） http://web.sfc.keio.ac.jp/~okabe/book/policy_managememt.html

（2） http://coe21-policy.sfc.keio.ac.jp/ja/index.html

（一）総合政策学とは何か、どう学ぶか

小島（朋之）学部長、ご紹介ありがとうございました。

皆さん、おはようございます。今日は、しっとりとした雨の日になりました。キャンパスに植えられている清楚なハナミズキの白い花が雨にうたれています。しかし、この雨はたいへん大切な雨です。なぜなら、地面がこれをしっかりと吸い込み、木々はこの雨によって大きく育てられるからです。皆さんも、ＳＦＣ在学中は知識と知恵を精一杯吸い込み、将来に備えてほしいと思います。

さて、本日の主題は「総合政策学とは何か、どう学ぶか」です。これらのことをできるだけ平易に、そして実践的観点からお話ししたいと思います。まず「なぜ総合政策学が登場したのか」を説明し、次いで「総合政策学とは何か」について私なりの理解を示

したい。そして第三に「総合政策学の研究の仕方」につき二つの事例を取り上げて説明します。一つは私自身の例、もう一つは岡部ゼミ四年生の関晋也君の例です。そして第四に「総合政策学をどう学ぶか」につき私なりの提案をすることにします。

一　なぜ総合政策学が登場したのか

総合政策学という名称、ないし考え方が登場したのはなぜでしょうか。それをひとことで言えば、従来の社会科学の行き方には様々な問題が発生したからだ、といえます（参考文献一、本書巻末二百四十八頁。以下同じ）。

従来の社会科学における幾つかの問題

問題の第一は、従来の多くの社会科学が「タコ壺化」したことです。つまり、各分野の中で専門化・高度化・技術化が極端に進んだことです。むろん、学問が専門化し高度化するのは必然という面があり、またそれが必要な場合もあることは間違いありません。

しかし、例えば経済学の場合、最先端の論文をみれば、ほとんど数式の羅列（微積分どころか集合論を用いた展開など）に終始しているという場合も少なくなく、これがほんとうに経済学なのか（数学論文ではないのか）といった疑問をいだく場合もあります。社会科学は、究極的には社会の改善に役に立つ学問であるはずです。しかし、そうした論文の著者が社会科学の原点を強く意識しているかどうかに疑問をいだかせる場合が増えてしまっているのが現実です。

第二の問題は、各種社会科学の研究者の政策関与意識が希薄化していることです。研究者が研究を行う直接的な動機は、多くの場合、何といっても当該学問領域（academic discipline）の中で業績を挙げ名声を得ることにあるといえるでしょう。そのために理論を一層洗練化する、エレガントな理論を構築する、細かい統計データを高度な統計手法で加工して仮説を裏付ける、など学問的な完成度を高めることが重視されるわけです。その結果、現実に社会で生じている問題を解決するための研究、あるいはそのためにどういう行動ないし政策をとればよいか、という意識は希薄化するか二次的なものになっているといわざるを得ません。

第三の問題は、人間社会の風景（landscape）がここ二〇年内外で大きく変化しているにもかかわらず、社会科学の重心が全体として十分にシフトしていないことです。人間、人類、あるいは社会を取り巻く条件の大変化としては、例えば情報通信技術（ＩＴ）革新、取引と情報の地球的一体化、資源やエネルギー有限性の問題、地球温暖化問題、新国家連合（ＥＵなど）の成立、宇宙空間管理の問題、などがあります。これらのことがらが研究対象として正面に据えられなければならないはずですが、現実にはそうなっていないわけです。幸いＳＦＣでは、これらの問題に焦点をあてた研究をしている教員が在籍しており（それぞれ徳田英幸、福井弘道、鵜野公郎、浜中裕徳、香川敏幸、青木節子の各教授）、この点ＳＦＣは誇りに思ってよいと私は思います。

では、以上述べた社会科学が陥っている三つの問題に対して、どのような行き方をすればよいのでしょうか。

新しい社会科学に求められる条件

第一の問題（タコ壺化）に対しては、それぞれの学問分野が発展させた成果を何らかのかたちで統合して利用することが必要です。つまり既存成果を「総合化」することです。第二の問題（政策関与意識の希薄化）に対しては、研究が現実社会と強く関連すべきである、いう意識改革が研究者に求められます。つまり、研究の発想を「問題発見・問題解決指向」に切り替えることです。そして第三の問題（人間社会の風景の変化）に対しては、研究対象である社会の前提条件を一新した理解が必要です。つまり「情報通信技術（ＩＴ）革新とグローバル化」を直接研究対象とするか、あるいは人間社会がその影響下にあるという視点を重視する研究でなければならないことです。

このような新しい学問思想をもとにして一九九〇年、ＳＦＣが日本の大学の中で最初に「総合政策学部」を創設したわけです。ＳＦＣにおける総合政策学が対象とする具体的な領域や考え方は、その後様々な展開をしてきていますが、上述した基本思想は堅持されています。

総合政策学は「総合」および「政策学」の二つの言葉から成っているので、以下では便宜上「総合」とは何か、「政策学」とは何か、というかたちで二つに分解して総合政策学とは何かを説明しましょう（参考文献二および三）。

二　総合政策学とは何か

（A）「総合」には三つの意味

総合政策学の「総合」には三つの意味があります。第一は、様々な学問領域を「総合的に」活用する、という意味です。問題に対する多分野的接近、あるいは領域横断的接近ということができます。ここで問題とは、何らかの解決が求められている社会問題（problem, question ないし issue）を指します。例えば、現在急速に普及しつつある便利な「電子マネー」（ＪＲスイカはその一つ）を取り上げてみましょう。比較的汎用性が高いハイテク決済手段である電子マネーの様々な側面を理解し、社会に定着させるうえでは、金融論はもとより、経営学、情報工学、暗号論、会計学、社会学、政治学など多くの視点を用いた検討が必要になります。私自身、約十年前に金融団体から研究資金を得てそうした研究をしたことがあります。

総合政策学は各種学問を総合的に活用するわけですが、その場合、留意しておく必要がある点が一つあります。それは、従来の学問をルツボに入れて混合することによって従来の学問と同列に置ける、あるいはそれを超越するようなひとつの新しい社会科学を生みだすことではない、ということです。そうした雄大な試みは、理想としては存在しても現実的ではありません。総合政策学は、逆説的ですが既存の学問を十分に活用する点にあり、従ってそれらの学習は不可欠なのです（この点は後で再び述べます）。

第二は、政策実施のプロセスを「総合的に」理解する、という意味です。社会における問題を解決するための行動である政策を実施する場合、そこには一連のプロセスが存在します。すなわち、問題の性質を明らかにするための分析、対応戦略の企画、具体的な政策の立案、その実行可能性の検討、実施計画の策定、政策全体の決定、政策実施に際しての関係者との交渉と実施、結果の評価などです。これら各段階をそれぞれ捉えつつ、そしてその全体を研究することによってはじめて、問題解決にとって望ましい対応を導くことが可能になるわけです。

そして、それを可能とするには、多面的な素養が不可欠です。問題を発見（discover あるいは identify）するための感性（センス）ないし感受性（センシティビティ）、定量的分析の手法、定性的分析の手法、各種社会科学の概念やモデル、政策構想力、交渉手法、行政的知識など、列挙すれば限りがありませんが、それらが欠かせないわけです。

第三は、政策プロセスに登場する多数の関係者（アクターあるいはステークホルダー）を「総合的に」把握する、という意味です。政策実施のプロセスに関与する主体は、一般国民、企業、業界団体、官僚、政治家、ＮＰＯなど多様であり、これら関係者の行動全体を視野に入れておく必要があるわけです。つまり、政策は異なる立場や利害が交錯するなかで決定されるものであるため、集団的意思決定過程の研究が不可欠になります。

そうした研究のキーワードは端的にいえば「ガバナンス」です。ガバナンスとは、一般的にいえば何らかの権限あるいは合意によって一つの秩序ないしシステム作動の仕組みが作りだされている状態のことです（参考文献四）。つまり、総合政策学ではガバナンスの研究が一つのポイントになります。そこでは、コミュニケーション論、合意形成論、交渉論、契約理論、政策組織論、行政論などの援用が不可欠となります。

以上をまとめると、総合政策学の「総合」とは、メソッド（方法論ないし研究分野）、プロセス（政策過程）、アクター（利害関係者）の三つの側面をそれぞれ統合して問題解決に立ち向かうことである、といえます。

(B)「政策」の従来の意味、新しい意味

次に、総合政策学の「政策学」をどのように理解すればよいのでしょうか。それを明確にするには、まず政策ということの伝統的理解を述べ、それが現代ではどう理解すべき状況になっているか、という対比を行うのが便利です。

従来、単に政策といえば、たいていは政府による政策を意味していました。政府による各種の「公共政策」(public policy) のことでした。具体的には、財政政策、金融政策、産業政策、独占禁止政策、社会保障政策、教育政策などの国内的な政策、そして外交政策、国家防衛政策などの対外的政策が含まれます。

これらの政策にとっては、その前提に一つの社会思想、ないし社会の理解の仕方があります。すなわち、①現代社会の経済問題は基本的に市場機構の作動によって解決される、②そしてそれ以外のことがらに対しては政府介入 (行政) によって対応すべきであり、またそれができる、という理解です。比喩的にいえば、政府が機械の作動レバーを引けば、民間部門がそれに対して受動的に反応する、ということです。あるいは「上から下に対する指示と命令 (command and control)」によって社会における各種

問題への対応が可能である、とする考え方です。これは「政府と民間」という二分法(dichotomy)といえます。

確かに、これは社会と政策に関する明快な理解方法です。しかし、この認識は近年になればなるほど実体と乖離してきており、また理論的にも問題があることが理解されるようになってきました。

第一に、政策行動を起こす主体つまり政府と、その客体（相手）である民間部門の行動パターンを截然と区別することはできないことです。各種政策は、政府が白地にデザインして企画し実施するというよりも、利益団体、業界団体、ＮＰＯ、政治家などから政府に対して働きかけがあるので、政府はそうした力と相互作用をしつつ政策を決定するという実体を認識する必要があるわけです。

第二に、政策を遂行する政府を一人の聖人君子と見立てすべての政策は国民のためだけを考えて実施している、と理解するのは単純に過ぎることです。政府も人間（官僚）によって構成されている組織である以上、人間の行動には自らの利害も絡んでこざるを得ない（モラルハザードという問題が随伴する）と考えるのが自然であり、したがって政策の内容や実施面でこの面も考慮に入れる必要があることを指摘できます。

そして第三に、各種の社会問題の解決に際しては、民間の非営利組織（ＮＰＯ）ないし非政府組織（ＮＧＯ）が次第に大きな役割を担うようになってきていることです。これらは民間組織でありながら営利ではなく公共的役割を果たすことを目的としています。したがって、政府による公共政策とともに、これら組織の機能に着目する必要性が大きくなっているわけです。

つまり、政策においても、単に政府と民間という視点だけでなく両者の相互作用によって政策が形成される過程や、政府以外の問題解決組織を積極的に視野に入れる必要が大きくなっており、そうした視点こそが現代的な政策学ということになります。これは、政策を政府による一方向的な活動として捉えるのではなく、上述したガバナンスという視点から理解することに他なりません。

（C）総合政策学の定義とＳＦＣ

以上の議論をまとめると、総合政策学を次のように規定することができましょう。すなわち、総合政策学とは①ＩＴ革新やグローバル化に代表されるように人間社会の風景が大変化しているという認識を強く持ち、②そこで発生する問題を発見し、③それを解決するために公共政策をはじめとする多様な対応方法をガバナンスという視点を軸として研究・開発・実施する社会科学である、と。

　このように総合政策学を定義すれば、それはまさにＳＦＣにおいてこそ展開できる新しい学問である、といえます。つまりＳＦＣには二つの核心（あるいはＳＦＣを楕円とみなせば二つの焦点）があります。一つは、政策あるいはガバナンスという視点の研究（総合政策学部）です。もう一つは、ＩＴあるいはメディア革新の実践（環境情報学部）です。そして、両者を発展し統合した研究が大学院でなされる、という構造に

図１　SFC の両学部と大学院の設計思想

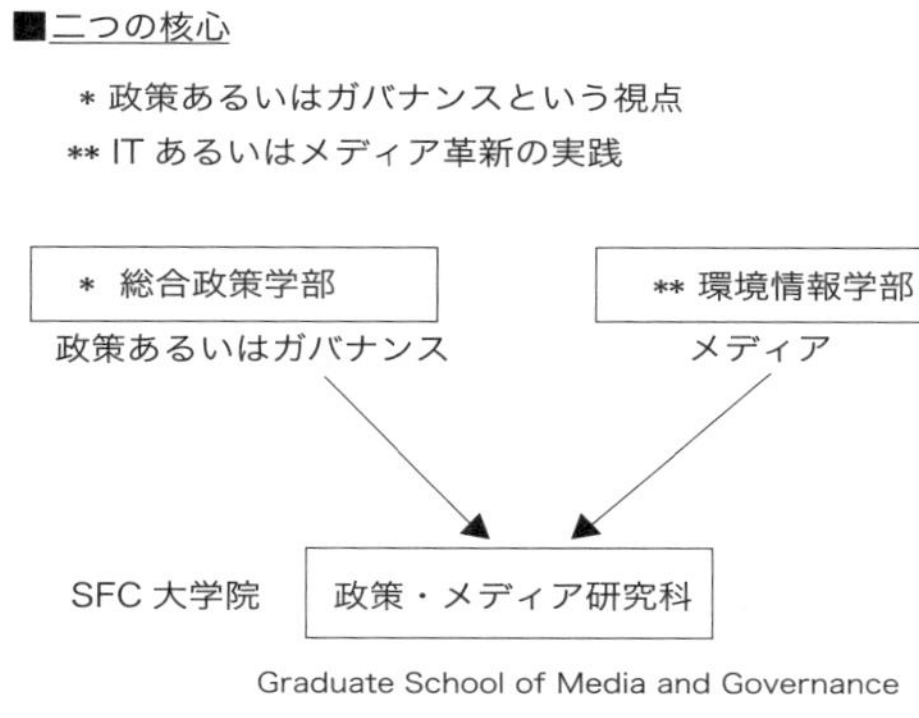

図２　対比表１

	従来の政策学	総合政策学
政策の性格	・公共政策	・社会プログラム
政策の主体	・政府が主体。民間は客体	・政府と民間の相互作用が重要 ・中間組織（NPO/NGO）も重要化
運営方法	・法律・行政権限 ・命令と統制	・動機整合性・評判・見識が重要 ・ガバナンスの視点
政策行動と効果	・一方向的・静態的	・双方向的・反復的・動態的
有効性の前提	・政府に情報優位性 ・政府は賢明。公正に対応	・政府の情報優位性の前提は不要 ・行政圧力よりも市場圧力が増大 ・中間組織の質・量の充実が必要

なっています（図１を参照）。そして大学院の名称は、そのような統合を表わす「政策・メディア研究科」であり、英語では政策をガバナンスと表現し「Graduate School of Media and Governance」とうたっているわけです。このようなキャンパスに在籍して勉強できる皆さんは、たいへんラッキーだと思います。

総合政策学の特徴

以上の説明をまとめると、総合政策学の特徴を次のように規定することができます。まず、従来の政策学と総合政策学を対比すれば（図２を参照）、従来の政策は公共政策を意味しており、したがって政府が主体である一方、民間はその客体と捉えることができます。その運営は法律および行政権限によるものであり、したがって命令と統制という性格を持っており、効果は一方向的かつ静態的です。問題解決に際してこうした政策が有効であるには、政府が民間部門よりも情報優位にあり、また政府は賢明かつ公正な対応ができる、ということが前提となっています。

これに対して、総合政策学とは「社会プログラム」の実施であると表現することができます。したがって単に政府だけでなく政府と民間の相互作用が重要となり、そこではＮＰＯやＮＧＯなどの中間的組織も重要な役割を演じます。社会プログラムの運営においては、アクターの行動動機を重視することが肝要であり、評判や見識が重要な評価基準になります。つまり、全体をガバナンスの視点から理解する必要があり、そのプロセスは双方向的、反復的、動態的なものとなります。そしてその有効性にとって政府に情報優位性があるという前提は必要とされない一方、中間組織の質および量の充実が必要になるわけです。

次に、従来の社会科学を一般的に捉え、それと総合政策学を対比しましょう（図３を参照）。すると、従来の社会科学の研究動機はもっぱら学術的な真理追究にあり、その

図３　対比表２

	従来の社会科学	総合政策学
研究動機	・学術的な真理追及	・現代社会の問題ないし課題の発見とその解決
研究参加者	・研究者	・研究参加は広範囲。非均質、協働的
実践性	・社会的実践は不可欠でない	・社会的実践は重要な要素
研究手段	・フレームワーク（概念）が重要	・フィールドワーク、ネットワーク、フレームワークの３つが重要
研究方法	・学問領域内の論理を重視	・問題解決が出発点
成果の評価	・完成度の高さ（洗練性・一般性） ・研究者間の相互評価（容易） ・研究分野毎に学会が存在	・多次元的（有効性・実現可能性） ・社会的評価や説明可能性が重要 ・総合政策学会を設立する必要性

研究は研究者を中心にして行われます。その活動においては、フレームワーク（概念ないし理論）が重要であり、社会的実践が不可欠とはされません。研究の方法としては、各学問領域内の論理が重視され、研究成果を評価する場合には洗練性や一般性など完成度の高さが重要な尺度となります。そうした評価は、たいてい専門学術誌あるいは分野毎の学会などの場で研究者相互間で行われるのが慣行となっており、したがって比較的容易です。

これに対して、総合政策学の研究動機は、現代社会の問題ないし課題の発見とその解決にあります。このため、その研究にあたっては研究者のほか、関連する現場の専門家あるいは政策当局者など広範囲の関係者が協働して関与する場合が多いのが特徴です。そして、研究は単に研究室の中の活動にとどまらず、また色々な意味で社会的実践が重要な要素となります。つまり研究手段として、フィールドワーク（実地調査）、ネットワーク（情報網および人的つながり）、フレームワーク（概念）の三つが重要です。このことを、語呂合わせもあってわれわれは「スリー『ワーク』アプローチ」と呼んでいます。

こうした広義の研究においては、成果の評価に際しても、問題解決策の有効性や実現可能性といった多次元的要素が必要となる一方、その社会的評価や説明可能性も重要です。このような評価が適切になされる仕組みは現在どこにもできていません。このため、例えば総合政策学会を今後設立し、そこで行う必要があるといえます。いま、われわれＳＦＣのスタッフは、総合政策学の全国的な仕組みを作るべく種々検討しているところなのです。

三　総合政策学の研究例

以上で総合政策学とはどんなものかがお分かりいただけたと思いますが、では、それをどのように学べばよいのでしょうか。総合政策学といっても、実はそれに取り組む場合の重点をどこに置くかによって、大きな差異があります。ここでは代表的な場合として三つのケースを挙げておきます。

総合政策学の取組み――三つのケース

第一のケースは、実践とその経験知を重視する行き方です。第一回目に講義された小島（朋之）先生は、中国の環境問題を国際協力のもとで解決するという実践を中心に活動されているので、このケースに該当します。また次回講義が予定されている大江（守之）先生も、高齢化社会の居住およびケアの最適システムを地方自治体等と共同で開発するという実践活動に力を入れておられるので、このケースです。

第二のケースは、実践活動というよりも、むしろ各種学問の総合的な活用を重視する行き方です。これは、間もなく述べるように私の行き方です。

そして第三のケースは、実践活動とか各種学問の総合的活用というよりも、むしろ総合政策学の理念に沿った新しい研究手法の開発を重視するという行き方です。これは、深谷（昌弘）先生が追究しておられる方向であり、この授業の第九週に同先生による説明があるはずです。

ＳＦＣの総合政策学といっても、それは一枚岩でなくこのようなバリエーションがあるわけであり、そのような多様さにむしろＳＦＣの強みがある、と私は考えています。総合政策学という枠組みの中でＳＦＣの各教員がどのような活動を行っているかは、教員それぞれの関心や経歴を反映しています。この点について諸君に具体的なイメージをもってもらうため、次に私自身のことを少し話すことにします。

私の略歴と研究事例

私は一九六八年に東京大学経済学部を卒業し、その年に日本銀行に入行しました。日本銀行は国民が直接訪問することが少ない組織ですが、皆さんの財布のなかにある福澤諭吉先生の肖像画の入ったあの貴重な紙切れ（日本銀行券）を発行しているという点では、なじみ深い存在です。その紙切れを適量かつ円滑に流通させることが日銀の一つの大きな任務であり、それをどう決めるかがたいへん重要です。その判断をするうえで日銀は様々な活動をしています。私は日銀に二十年以上在籍しましたが、大半の期間はそうした政策運営のために必要となる経済動向の調査ならびに研究、予測、そして政策の企画という仕事をしました。

調査局では、日本経済の現状判断と先行きの予測などを担当しました。その仕事は、各種の統計分析はもとより、景気変動理論の研究とその応用、主要企業の経営者へのインタビュー調査など、様々な手法によるものでした。一時出向していた経済企画庁（現内閣府）では月例経済報告や経済白書を執筆し、その後に赴任した日銀ロンドン事務所では欧州経済の調査や国際機関（ＢＩＳなど）ないし海外の中央銀行との交渉を担当しました。そして帰国後には企画局で金融政策の企画立案に関与したあと、次いで私の日銀時代最も長く在籍した金融研究所に配属となり、そこで金融や経済の基本的なことがらを研究しました。

一九九〇年から二年間はこれまでの経験とは一変し、米国ペンシルバニア大学およびプリンストン大学で日本経済論の講義を担当する機会に恵まれ、次いで豪州マックオーリー大学でも同様に皆さんのような若い世代の学生諸君に対して授業を担当しました。そして一九九四年に、ご縁があってＳＦＣへ着任したというわけです。

以上のように、私は幸いにも中央銀行の政策に直接あるいは間接に関与するという貴重な経験をすることができ、したがって現場感覚そして国際感覚を活かした研究に比較優位があるので、そうした視点からの研究を行うことにしているわけです。研究上の関心は、金融論、金融政策論だけでなく、経済予測、日本経済論などにも及んでいますが、近年力をいれているのはコーポレートガバナンスの研究です。

私の研究テーマ例「コーポレートガバナンス」

コーポレートガバナンス（corporate governance：企業統轄）とは、企業の株主、経営者、従業員、取引銀行等がどのように相互作用をする仕組みになっていれば、企業経営の効率性と公平性が維持されるか、という問題です。つまり「会社」のあり方、あるい

図４　従来および現在の多くの事象は、コーポレートガバナンスの視点から説明可能。

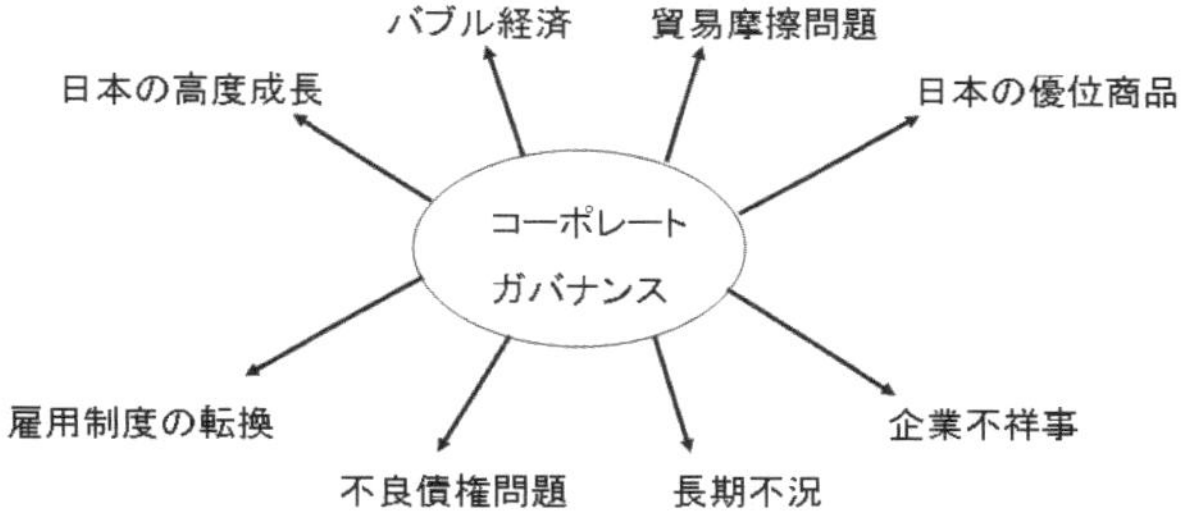

は会社の仕組みに関する研究といえます。

会社は、われわれにとって最も身近な存在であるうえ、経済および社会の多様な側面を集約しています。したがって、経済を見るうえで比較的分かり易い視点であり、また国際比較も容易です。一般に社会科学では比較分析（comparative analysis）という視点が対象を立体的に理解するうえで有力な手法であり、この研究テーマの場合も、国際比較の視点を入れることによって日本の会社をより深く理解できるようになります。

日本におけるコーポレートガバナンスを理解すれば、従来および現在の多くの事象を新しい視点から理解できるようになるうえ、それら相互間の脈絡も見えてきます（図４）。詳細な議論は省

図 5　一方、コーポレートガバナンスの研究には多分野の成果利用が不可欠。

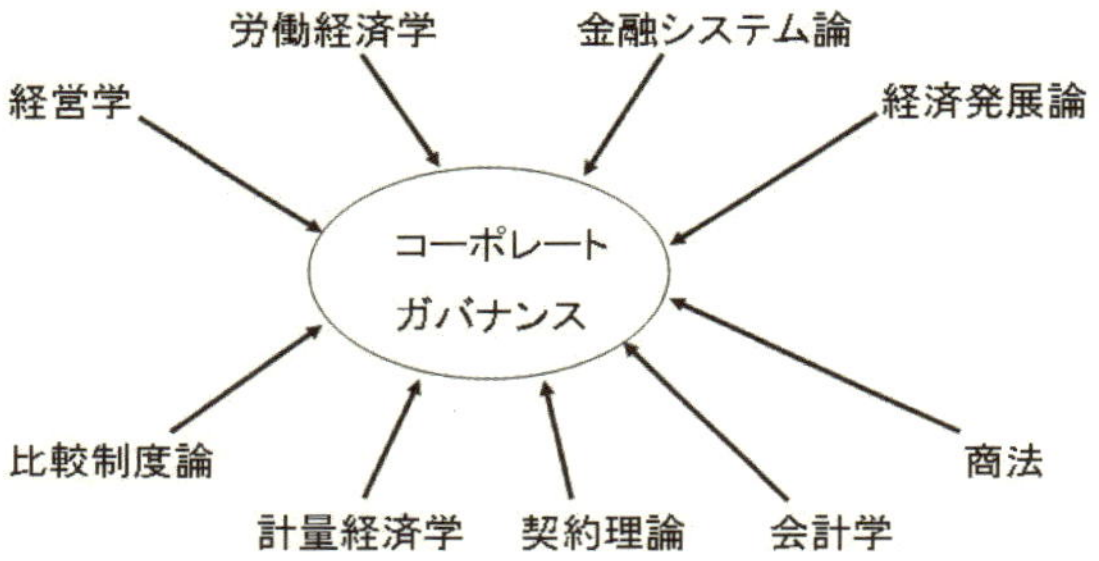

略しますが、例えばコーポレートガバナンスという視点から理解できる面として、日本のかつての高度成長、バブル経済の発生とその後の長期不況、貿易摩擦問題の根因、日本の優位商品（自動車や電気機械等）の発生理由、雇用流動化の必然性、銀行の不良債権増大の要因、企業における不祥事の継続的発生の理由など、実に多くのことがらがあります。コーポレートガバナンスからこれらの問題を照射することができるわけです。

一方、日本のコーポレートガバナンスの姿を規定し、その特徴がなぜ生み出されているのかを的確に理解するには、多くの研究分野の成果を利用してコーポレートガバナンスの問題に接近することが不可欠です（図５）。このためには、経営学、金融システム論、労働経済学、商法、会計学、契約理論などを援用する必要があるほか、経済発展論、比較制度論なども大きな視野を与えるので欠かせない領域です。また厳密かつ説得的な議論をするうえでは計量経済学の応用も不可欠です。

コーポレートガバナンスは、日本の経済や社会の現状理解だけでなく、将来を展望する上でも有用です。それは景気動向、日本製品の国際競争力、日本の国際収支などの予測に役立てることができるほか、経済成長の持続性やひいては国民の経済厚生など、より大きな課題を展望するうえでも一つの重要な材料を提供するものです。

このような重要なテーマであるため、コーポレートガバナンスの研究はここおよそ十五年間、国内外でたいへん活発に研究されています。その研究は単に研究者によってなされるだけでなく、国際機関（世界銀行、ＩＭＦ、ＯＥＣＤ等）においても活発に行われています。私が米国や豪州の大学で担当していた日本経済論の講義では、この問題が実質的に一つの中心テーマでした。またそこでの学生諸君の興味も、日本経済のマクロ的問題よりもこの問題に圧倒的に集中していました。ただ、その時代にはコーポレートガバナンスという用語はまだ定着しておらず（もっぱら日本企業論という言い方がなされていました）、しばらくしてから国内外でこの表現が急速に一般化しました。

なお、岡部研究会でも履修生がこのテーマに関して秀れた論文をこれまで多数書いてきており、そのうち少なからぬ数の作品が湘南藤沢学会から優秀論文として出版されています（参考文献五）。

岡部研究会メンバーの研究例

次に、その一例として関晋也君（環境情報学部四年生）が前学期（三年次秋学期）に書き上げた「日本における企業のM＆Aの効果――実証研究――」という論文について、同君に説明してもらいましょう。［関君による説明は省略］いま同君の説明にあったとおり、M＆Aとは企業のmerger（合併）とacquisition（買収）のことであり、これはここ七～八年、日本で急増しています。その本格的な研究は日本ではまだ極めて少ないので解明すべき点が多いうえ、同君は特に統計的研究に興味があるので今回の統計分析を基礎とした論文を書いたわけです。

その際、同君は毎日の新聞記事のフォロー、関連授業（マクロ・ミクロ経済学、金融経済論、金融工学等）の受講、統計技法の研究（統計解析や数量経済分析などの講義受講のほか、小暮厚之研究会での研究）、図書館（ＳＦＣや三田の書物ならびにデータやウエブを利用した情報の収集、共同研究室や研究合宿での岡部研究会メンバーとの議論、そして教員オフィスアワーの積極的活用など、各種方法を文字通り「総合的に」活用することによって完成させました。また、この論文は学術的にも貴重な面があるので、私が抜本的に手を加えたうえで共同執筆の論文（大学院ワーキングペーパー）として近々発表する予定です。

岡部研究会ではこうした論文の共著化（あるいはその学会で発表）の先例も幾つかあります。意欲と努力によってＳＦＣでは学部学生でもこのような道が拓けるわけです。同君が最後に述べたように、ＳＦＣほど総合的視点を学べるところはなく、またＳＦＣでは積極的な姿勢が大切だ、という感想は私も全く同感です。

四　総合政策学をどう学ぶか

では、総合政策学をどう学んだら良いのでしょうか。ここでは三つの点を強調しておきます。

既存学問の習得と活用

第一は、既存の各種学問を十分に学習し、それを効果的に活用せよ、ということです。前述したとおり、総合政策学は既存の学問を一つのルツボにいれて混合することによって別の一つの新しい学問にする、というものではありません（少なくともそれが私の理解です）。そうではなく、むしろ従来の各種学問を「モジュール」（部品）とみなし、それを必要に応じて組立てて活用することに重点があります。例えていえば、多くの種類の野菜をミキサーにかけて新しい野菜ジュースを一種類作るというよりも、むしろそれらの野菜をサラダボールに入れて野菜サラダを作るようなものです。後者においては、サラダボールの中でそれぞれの野菜が生き生きと存在を主張する一方、それら全体として見事な一つの料理になっているわけです。

このことを視覚的に表わすと、おもちゃの「レゴ」のブロックと、それを用いてできる作品の関係として理解できます（図６を参照）。画面の前方に積み上がっているブロック単体の接続面はどれも均一化され固定化されており、それを用いることによって動物や建物など色々な作品を組み立てることができるわけです。これらのブロックは経済学、社会学、統計学、法律学などであり、それらをうまく用いることによって、問題の新しい理解方法ないし問題解決の仕組み、を構成することができるわけです。

ここで重要な点が二つあります。一つは、そ

図6　総合政策学をどう学ぶか

(1) 既存の各学問を十分に学習し、それを効果的に活用せよ。

■総合政策学では各種学問を「モジュール」（部品）とみなし、それを必要に応じて組立てて活用する。

うした理解ないし仕組みに至るには、部品（既存の諸学問）の存在が不可欠であることです。もう一つは、部品が存在するだけでは作品を作ることはできず、何を作るかに関する設計図ないしビジョンが不可欠であることです。

直感力の涵養

したがって私が言いたい第二の点は、感受性そして脈絡をつける力を磨け、ということです。問題の発見や問題の解決策を考案する場合に究極的に重要なのは、論理ではなく実は鋭い感性（センスないしセンシティビティ）だと私は考えています。必要なのは論理力と感性の両方なのです。それらが合成されたものとして直観力があり、それを磨いてほしいと思います。

幸いＳＦＣにはそのための授業科目が充実しています。単に政策系の科目や技法科目だけを履修したのでは総合政策学にとって十分ではなく、人文系科目や感性を磨く科目（デザイン言語などの科目）の履修も欠かせません。また、ＳＦＣ教員のうち少数派の意見かもしれませんが、私は「美しさの追及」も大切だと思います（参考文献六を参照）。それらが総合的な力となって、ものごとに文脈（コンテクスト）を付与する力が鍛えら

図7　理性と感性の統合（教養・スキル・直感を磨くこと）の重要性。

れることになり、ものごとが多面的に理解できるようになる、というのが私の考えです（まもなく図7で説明します）。

従来、断片的な知識としてしか身に付けていなかった多くのことがらが脈絡をもって理解できた時の驚きと感動をゼミ生が喜んで語る、といった場面に接したことも少なくありません（参考文献七を参照）。勉強することのほんとうの楽しさは、このように一挙に全部が理解できるという瞬間がある日、突然訪れることにあるのです。

ものごとを新しい文脈（コンテクスト）によって理解する力、つまり文脈付与の重要性は図7で理解することができます。この図を見た場合、たいていは「ABC」そして「12 13 14」という文字を読み取るのが普通でしょう。しかし、よく見れば、真ん中の図形は実は上下とも全く同じものです。上段ではそれを「B」と読むのが通常の感覚であり、下段では同じ図形を「13」と読んでいます。つまり、事実は一つでも、どのような文脈でそれを見るかによって、その事実が全く異なる意味を持ってくる、あるいは異なるものとして理解されることになるわけです。一つの事実（この場合は真ん中の図形）に対して「A」や「C」というコンテクストを持ってきて解釈するか、それとも「12」や「14」という枠組みのなかで解釈するかによって、同一の事実が全く異なるものとなるわけです。

したがって、ある事実がある場合、それをどのようなコンテクストでみるか、そのためには「A」や「C」のような枠組みで判断するか、それとも「12」や「14」という文脈で判断するか、あるいはそれ以外の文脈を当てはめるか、という選択をわれわれがどのように行うべきか、またそれを判断するために何を勉強すればよいか、が重要になります。

私の回答はこうです。すなわち、その力量をつけるには、理性と感性を統合することが必要であり、そのためにはスキルや知識のほか、感性を含め教養とよばれる素養、そして直観が重要となるということです。そうした幅広い勉強が総合政策学を学ぶうえで肝要であることを再度強調しておきます。

猛烈な勉強

私が言いたい第三の点は、諸君のＳＦＣ在学中の四年間は毎日猛烈に勉強せよ、ということです。勉強していない頭の中に突然、問題発見が生じることは絶対にありません。一生懸命にインプットしておく場合にはじめて、それがある日突然、発火点に達して火がつく（問題発見につながる）ものです（参考文献八および九を参照）。色々な関心ないし問題意識をもって勉強を続けていけば、ある日、ひらめきが生じるものです。脳のなかにインプットされた知識や情報は、ありがたいことにわれわれが無意識のうちに脳が整理し体系化する作業をしてくれる、ということが最近の脳科学の研究によって明らかになっています。これは、私自身の経験からいっても極めて納得のゆくことです。この授業の参考書として挙げられている書籍（参考文献二および三）に私が書いた論文の多くの部分も、このような成果を文章にしたものです。

具体的には「ＳＦＣガイド（講義案内）」を再度熟読してほしい。この冊子にはＳＦＣ全体の情報が宝のように詰まっています。また卒業製作あるいは卒業論文は大学四年間でどのように位置づけられるものかを十分に知って欲しい。卒業論文は、現在のところ必須ではないものの、それは諸君のＳＦＣ四年間の勝負を示すものとなります。

今日の私の話の結論を述べましょう。「求めよ、そうすれば必ず与えられる。逆に、自ら求めなければ何も与えられない」。それがＳＦＣ総合政策学部だということです。

では、これから質疑応答に入りましょう。

（「ＳＦＣ総合講座Ａ」における特別講義、二〇〇六年四月二十七日）

（三）『総合政策学の最先端』全四巻を一挙に刊行

総合政策学とはどんな学問ですか。従来の社会科学とどう異なるのですか。なぜそのような視点が必要なのですか。慶應義塾大学湘南藤沢キャンパス（略称ＳＦＣ）における大学教育の様々な試みは、確かに日本の他大学に大きな影響を与えたと評価されていますが、果たして研究面では総合政策学部としてどんな成果が出ているのですか。

これらの質問はこれまで繰返しＳＦＣに対して問いかけられてきたものです。それに対する一つの回答として、ＳＦＣはこのたび『総合政策学の最先端』という全四巻からなる書物を一挙に刊行しました（出版社は慶應義塾大学出版会）。

総合政策学の考え方は、その第一巻の冒頭にやや詳しく記載しましたが、一言でいえば、情報通信技術（ＩＴ）の革新に代表されるような人間社会の大変化を強く意識するとともに、そうした状況下で個人や各種組織の間における関係あるいは公共政策などをガバナンスという視点からとらえることを基礎としたものといえます。このため、それが対象とする領域は自ずと多面的であり、このため今回のシリーズは合計六十編の論文から成り立っています。

まず第一巻は、副題「市場・リスク・持続可能性」が示唆するような諸問題、つまりIT革新、取引グローバル化による市場メカニズムの変化、社会や個人が直面する各種リスクの評価、少子・高齢化、エネルギー制約、環境保全といった大きな条件変化と政策課題などを論じています。第二巻は「インターネット社会・組織革新・SFC教育」を扱っています。つまり、前記の与件変化が企業や民間非営利組織の行動や戦略をどう変えつつあるか、あるいは変えるべきかを様々な角度から取り上げています。ここでは、非営利組織の一つである大学も採り上げており、SFCにおける教育面での新しい試みの紹介も含まれています。第三巻は「多様化・紛争・統合」をテーマとしており、日本を含む世界の幾つかの国ないし地域における言語、文化、政治等の側面に切り込んでいます。

一方、第四巻は「新世代研究者による挑戦」を副題としており、ここでは特定テーマの論文を集録するのではなく、ＳＦＣという研究環境の中で育った若手研究者（具体的にはＳＦＣ大学院の政策・メディア研究科で博士号を取得した研究者あるいはそれに準じる研究者）自体に着目し、彼らが行っている最先端の研究を集録しています。第四巻に集められた論文は、いずれも一巻～三巻の論文以上に学際的なテーマの研究、ないし先端的な手法による研究であることが特徴的です。

以上からわかっていただけるように、本シリーズは全四巻を通して幾つかのメッセージを伝達することを意図しています。第一は、総合政策学という一つの新しい研究視点とその成果を具体的に示すことです。第二は、そうした新しい研究分野を開拓する場合の大学における研究および教育のあり方として、ＳＦＣのケースを多面的そして具体的に示すことです。そして第三に、大学における教育と研究は不可分一体のものであることを示すことです（ことに第四巻）。

確かに、本シリーズに集録された各論文は、テーマの性質、焦点のあて方、分析手法など多くの面で相当に異なる面をもっているのは事実です。また、ＳＦＣで活発に行われている教員相互あるいは国内外研究者との共同研究を取りまとめた論文はここには意図して集録していません。しかし、本シリーズは、比喩的にいえば、異なった音色や音量の楽器によって構成されるオーケストラの演奏が一つの大きな交響曲を奏でており、全体としては前記のようなメッセージを伝えるものになっているのではないか、とわれわれは期待しています。

文部科学省は昨年（二〇〇二年）「二十一世紀ＣＯＥ（センターオブエクセレンス）プログラム」を創設し、世界最高水準の研究教育拠点を学問分野毎に形成する方針を打ち出しました。ＳＦＣは幸いにも既に二つの研究領域でそうした拠点に指定されており、したがって本シリーズの執筆者は、すべて直接的あるいは間接的にこの二つのいずれかの研究プログラムに関係しています。これが示唆するとおり、本書に集録された論文はいずれも先端的な分野を扱うものです。

その一方、そうした高度な内容をできるだけ容易に読者に理解してもらえるよう、各論文とも文章や図表の面で最大限の工夫を凝らしている点もまた大きな特徴です。具体的にいえば、読者層のレベルとしては大学学部三～四年生ないし大学院初級を想定しています。この点は本シリーズの編集委員会（小島朋之総合政策学部長はじめ六名で構成）が最も努力した点の一つです。

本シリーズは、幸いにも企画開始からおよそ十一か月後に全巻を予定通り上梓できました。これは、論文を執筆していただいたＳＦＣ同僚諸氏、あるいはＳＦＣ出身の若手研究者の皆様方の全面的なご協力のおかげです。そして、いまひとつには近年の情報通信技術の革新からもまた大きな恩恵を受けました。つまり刊行に関する連絡、折衝、調整などはほとんど全て電子メールによって効率的に進めることができただけでなく、原稿の授受はすべて電磁的な文書ファイルの送受信で行うことが可能であったことにも大いに助けられました。

学問の最先端を扱う大冊の四巻（合計千四百ページ超）全部が、わずか福澤先生の肖像画（一万円札）一枚と引き換えに書店で入手できます（各巻毎の購入も可能）。これは、安西祐一郎慶應義塾長をはじめ多くの方々のご理解とご支援の賜物です。総合政策学部の学生諸君はもとより、学問の新しい息吹を感じてみたいという読者諸氏は、ぜひ本シリーズを手に取って見ていただきたい（できれば全巻を読んでいただきたい）と思います。

（慶應義塾「三田評論」二〇〇三年十月号）

（四）多層化する現代のガバナンス――三つの特徴

ガバナンスとは、何らかの権限あるいは合意によって、一つの秩序ないしシステム作動の仕組みが作り出されている状態である。

従来は、各国家が絶対的かつ排他的な権力をもって一国内に一つの秩序を作り出していた。金融の分野では、従来、一国の監督当局が命令と規制をもって円滑な金融取引のための仕組みを確保していた。しかし、取引のグローバル化は新しい事態を生んでいる。金融システム安全性の核心をなす自己資本比率に関する規制（いわゆるＢＩＳ規制）は、いま民間銀行、その国内団体、国、そして国際機関のインターアクションによって新しい国際的な基準に置き換えられようとしている。

その基準（バーゼル合意）は、単に各国家が一方向的な命令と規制を行うことを内容とするものではない。またそれは義務という性格を持つのではなくむしろそれを遵守することが有利になるような新しい発想に基づくルールである。そしてそれは地球を一つの地域とみて全世界に適用される新しい統一的な基準でもある。いま生み出されようとしているそのルールは、まもなく世界の金融秩序を支配するはずである。

グローバル化は国の権限を分解・拡散させるとともに、権限主体を多層化させ、また従来のプレーヤーもルール構築のプロセスに参加させる。

権限保持主体の多様化、権限行使方法の変化、権限内容の変化、この三点が現代のガバナンスの特徴である。

（慶應義塾大学 *Keio SFC Review*, 第十一号、二〇〇一年十一月）

（五）社会を変動させる根源的メカニズムの解明

今の社会には明るい雰囲気や活力が感じられるでしょうか。それらを直接左右するのが経済活動です。経済は社会の基盤です。

その仕組みと変動を理解するには、実体経済と金融、ミクロとマクロ、理論と統計など、さまざまな視点があります。研究対象も日本経済、国際経済と広く、研究手法にも難易さまざまなものがあります。このため、最も関心のある側面を最も得意な手法によって研究を進めることができるのが経済研究の特徴です。

ＩＴ革命、取引グローバル化、国際地域統合、エネルギー制約などは従来の経済をどう変化させるのか、そこで望ましい政策とはどんなものか、など新しい研究対象にも事欠きません。

経済という切り口から社会を深く理解できれば、それまで複雑にみえた多くの現象が脈絡をもって見えるようになります。このワールドエコノミー・クラスターは、そのように大きな視野と高い視点から社会を理解することを目指しています。

（慶應義塾大学「ＳＦＣガイドブック――ＳＦＣバージョン2.0」ワールドエコノミー・クラスター紹介、二〇〇五年三月）

(六八) 情報革命による金融システム進化の追及

資金のやり取りは、すべて情報の生産・伝達・利用によって支えられています。このため、情報技術の革新やインターネットの発達は、金融取引を増大させる一方、金融業の高度化と他産業との融合をもたらします。

それは、日本の金融システムをどう変え、経済全体の変動メカニズムをどう変化させるのでしょうか。また、多国間を結ぶ国際金融システムの安定性は高まるのでしょうか。岡部研究プロジェクトのうち研究会一では、こうした問題を追求するとともに、望ましい公共政策や新しい発想に基づく政策手段を構想し、提言しています。

これまでの研究成果のうち、特に注目される論文約三十編はインターネット上でも公開しており(後記のウエブ上に掲載)、日本各地の研究者から少なからぬ反響を得ています。

http://web.sfc.keio.ac.jp/~okabe/paper/

（慶應義塾大学「ＳＦＣガイドブック――ＳＦＣバージョン2.0」ワールドエコノミー・クラスター紹介、二〇〇一年五月）

（七）モーツァルトの秘密

もし作曲家モーツァルトが生きていたならば、彼は今年（二〇〇六年）二百五十歳になる。人気随一のその音楽と興味尽きない人間性を慕って、今年は世界中で誕生記念のコンサートや催しがあふれている。筆者の母行（日本銀行）勤務時代には、本店十階の食堂のバックグラウンド音楽としてあの美しい歌うようなメロディー（ピアノ協奏曲二十一番の緩徐楽章）が時々流れていたことを思い出す。

最近では、モーツァルトの音楽は人の心を癒す効果があると喧伝され、その効果は動物や植物に対してさえ認められるという新説（珍説）も真面目に語られている。今年五月の連休には、東京丸の内周辺でモーツァルトの曲ばかりを取り上げた二百を超える公演の集中的コンサートが四日間催された。そのタイトル「熱狂の日」音楽祭そのものであった。筆者もその幾つかの公演を聴きに行った。また、かつて母行内の文芸誌に長編のモーツァルト論を書かせていただいたことがある（平成二年「行友」五十二号）。いったい、人気抜群のモーツァルトの音楽には何が隠されているのだろうか。

モーツァルトの音楽、四つの魅力

その特色と魅力は、第一に、均整美と明快さにあると思う。マーラーやワーグナーの重厚長大型の音楽よりも圧倒的に人気が高いのは、引き締まった筋肉質的な美しさが現代にマッチしているからだろう。第二に、その音楽のジャンルの多様性が挙げられる。ピアノ曲、交響曲、協奏曲、オペラなど彼が名曲を残さなかった分野はないといってよい。第三に、一つの曲の中で明暗（とくに長調と短調）を対象させる形をとった美の追及がみられる点だ。そして第四に、比較的地味な存在である木管楽器に対して暖かいまなざしを向けており、その音色の美しさを引きだしている点が魅力的である。

ひと言でいえば、その音楽は天才でしか書けない素晴らしいメロディーにあふれているからだ。これらの点は従来から多くの人によって指摘されてきたことだが、筆者は最近、むしろ次の二点に深い秘密があるのではないかと考えている。

純粋さ、ないし抽象性

第一に、モーツァルトの音楽は音楽として例をみないほど純粋であり、抽象性が極めて高いことだ。歌曲やオペラを別とすれば、器楽曲を中心として彼の音楽の大半は、場所、季節、風景、人物など具体的なことを示唆するものはほとんどなく、すべて抽象的な音の美しさを極めたものである。

この点は、その他多くの作曲家によって書かれた名曲とはかなり異なる。例えばビバルディの合奏曲「四季」、ベートーベンの交響曲「田園」、メンデルスゾーンの交響曲「イタリア」、あるいはチャイコフスキーの管弦楽曲「一八一二年」などは具体性が強い表題音楽であり、誰にでも分かりやすくまた親しみやすい。これらの音楽は時間や場所について具象的である。一方、モーツァルトの音楽は概してこのような具象性をもたず、音の芸術としての抽象性や普遍性がきわめて高い。それが大きな特徴であり、そのために地域、文化、思想、歴史を超えて世界中で愛されているのだと思う。

こうした抽象性あるいは純粋さは普遍性につながる。そのための条件の一つは単純性だろう。普遍性を持つには、単純でなければならない。そして単純性を極めたものは美しい。これは何も音楽に限らない。例えば、数学において驚異的とされるオイラーの公式、

$$e^{i\pi}+1=0$$

はその好例だろう。なぜなら、この式は、いくつかの基本的な値、すなわち自然対数の底（e）、虚数単位（i）、円周率（π）、数の基本単位（1および0）を一つの方程式としてまとめているからだ。そればかりか、足し算（＋1）、掛け算（$i\pi$）、累乗（$e^{i\pi}$）をそれぞれ一回ずつ登場させるという奇跡的な式にもなっている。

いま一つの例として、経済理論における完全競争のモデルがある。そこでは、一定の条件のもとで均衡が存在しそれは安定性と最適性を満たす、という命題が導かれる。その理論も美しさの例だろう。モーツァルトの音楽にせよ、オイラーの公式にせよ、完全競争均衡の命題にせよ、共通点がある。第一に、それらは直接現実に役立つものではないことだ。第二に、高度に抽象的かつ単純化されたものであることだ。そして第三に、したがって世界のどの人にとっても文化を超越した美しいものとなっていることである。

形式制約が生みだす美しさ

モーツァルト音楽の秘密の第二は、音楽の形式からみればたいてい所定の形式の中に収まっており、その中に天才的な類例のない美しいメロディーを盛り込んでいることだ。ソナタであれ交響曲であれ、その形式を所与と考える（形式工夫の必要性に煩わされない）一方、その中においてメロディーだけで勝負をした、ともいえる。

常識的に考えれば、形式、メロディーの両方を自由にすれば、より良い作品ができると思われるかもしれない。ブルックナーの交響曲には演奏時間が何と百分もかかるものがあり、しかも作曲家本人や他の作曲家あるいは指揮者がその楽譜を種々改訂を加えたものが演奏される。しかし、音楽だけでなく何ごとにつけ全面自由にすればベストの結果が得られる、というのは真実でないように筆者には思われる。むしろ、予め一定の制約が存在し（無いときには人為的にそれを設定し）その枠組みの中で最善のものを作る、という場合の方がかえって良い結果を生む場合が少なくないのではないか。

例えば、俳句では五七五の十七音だけしか使用できない。

くたびれて　宿借るころや　藤の花　（芭蕉）

制約があるからこそ、このように密度の濃い印象深い表現が可能になる。また、ある国の国際戦略においては、コミットメント（将来における特定の行動をみずから確約すること）をすれば、逆説的ではあるが、コミットする主体にとってかえって良い結果をもたらす場合が多いことが理論的に知られている（昨年ノーベル経済学賞を受賞したシェリングが証明している）。

さらにいえば、中央銀行がその基本目標である物価安定を達成する場合、目標インフレ率を公表し、あえて自らを束縛する「インフレ率ターゲティング」という手法を採れば本来の目標をより良く達成できることが経験的にも知られている（ただし、金利水準がゼロの日本の現状では政策運営手段が大きな制約を受けているのでこの手法は現時点では妥当しない）。

これらの例は、いずれも形式によって縛りをかける（つまり自由度を一つ減らす）ことによって、より大切なことに集中できることを示唆している。結局モーツァルトの音楽も、所定の形式を守ること（形式的工夫のために腐心する必要がなかったこと）から比類ない美しいメロディーとなり得た面があるのではなかろうか。

定年退職後に楽しみを温存

モーツァルトの全楽曲のうちどれがベストか。これは難問であり個人差が大きいが、現在の筆者の好みは、澄み切った気高い音で表現される奇跡的な作品であるクラリネット協奏曲（K六二二）、晩秋の青空のような透明感が支配するピアノ協奏曲二十七番（K五九五）、そして情感と色彩感にあふれるバイオリン・ソナタ変ロ長調（K三七八）である。

去る一九九一年には、没後二百年を記念して膨大なモーツァルト全集が出版された。この全集は、演奏時間がわずか十一秒の小曲から二時間を超えるオペラまでモーツァルトのあらゆる音楽作品を合計七百二十曲、コンパクトディスク百七十八枚にわたって収録し、それに解説書十五巻を付した画期的なものである。筆者は給料のひと月分近い大枚を投じて刊行当時にこれを購入した。その一部は何度も聴いたが、仮に全曲を通して聴くとすれば、毎週末の二時間を充てても聴き終えるには一年八か月もかかる計算だ。その楽しみは、いまの仕事を定年退職したあとの楽しみとして取り置いてある。

（日本銀行旧友会会報「日の友」三九四号、二〇〇六年七月）

第三章　ＳＦＣの課題

（二）先端性の維持、組織のインテグリティ確立

学部長候補者として推薦を受け、光栄に存じます。推薦して下さった方に、まず感謝申し上げます。

四年前にこのパネル討論会の制度が発足したとき、その制度設計者の一人であられた深谷（昌弘）先生から一つのご教示をいただきました。それは「推薦された以上何らかの見解を述べるのが義務である、それがＳＦＣへの貢献の第一歩である」というご示唆でした。本日は、その精神に従い私の考えを多少述べることにいたします。

ＳＦＣの課題は二つに整理できる、と私は考えています。第一は、先端性を維持すること、第二は、インテグリティの確立および強化を図ること、この二つであります。英語でいえば、Being the front runner, and enhancing integrity ということになります。

先端性の維持

第一の先端性の維持に関しては、すでに多くのことがらが進行中であり、それらを着実に推進することが肝要です。すなわち、①教育面での改革（卒業製作重視）を継続すること、②研究面において文部科学省から指定を受けた二十一世紀COEプログラムを推進すること、③その研究を核として研究・教育を一体化すること、④政策系では研究成果を『総合政策学の最先端（全4冊）』として刊行すること、⑤デジタルキャンパス（digital campus）化を推進すること、⑥各種の国際化を図ること、などです。

ただ、課題も少なくありません。とくに重要なのは、これまで運用してきたカリキュラムである「SFCバージョン2.0」を責任ある、本当に誇れる履修科目体系にすることだと思います。現在のカリキュラムは、何とか一応作り上げられたあと、やや無責任なかたちで放置されたままになっているように見えます。例えば、科目の数を大幅に増大した結果「本年度休講」科目が大幅に増えています。従って、今後は科目と科目群の統廃合および系統化、そしてメッセージ性の強化が必要になっていると思います。また学生が自分の履修計画を作成するうえでの支援メカニズム（アドバイザー機能）も確立させなければなりません。

これらの点を突き詰めていけば、より根本的にＳＦＣにおける教養教育とは何かを再検討すること、そして総合政策学とは何かを定義し直すこと、に行き着きます。つまり、ＳＦＣが従来から標榜していることと実際に行っていることをまず一体化させること、すなわち教育面でのインテグリティの確立が求められている、というのが私の基本的な認識です。

インテグリティの確立は、先端性そして国際性の点から重要であります。これは私がおととし（二〇〇一年度）海外の三つの大学に滞在し、それらの運営振りを横から眺めていて感じたことであります。また国際連合が重視している国際的な価値である、ということもできます。すなわち、国連では基本的価値として Integrity（誠実さ）、Professionalism（専門性）、そして Respect for diversity（多様性の尊重）の三つを標榜していますが、その第一番目に挙げているのがインテグリティであります。

なお、ＳＦＣの中長期的課題（いわゆるグランドデザイン）の内容の見直し、および実施期限の明確化も、先端性の維持という点から、当然今後の大きな検討課題であることはいうまでもありません。

組織のインテグリティ確立および強化

第二の大きな課題は、組織のインテグリティ確立および強化であります。SFC創設当初は、組織のインテグリティ（organizational integrity）はさして大きな問題とはなりませんでした。なぜなら、求心力を提供するカリスマ的学部長が存在したこと、日々が緊急対応の連続であったこと、SFCコミュニティ自体が小さかったこと、そして全教員が何事につけても献身的に取り組んだこと、などの事情によるものです。しかし現在では、SFCの外延が拡大している、各種のステータスを持つ教員が急増している、創設時の専任教員の実に約半数が入れ替わっている、など事情が大きく変化しています。従って、それに適したキャンパス運営の仕組みに変えていくことが不可欠です。

それは上に述べた教育面での「先端性維持」を揺るぎないものとする上で必要であり、またSFCが真に尊敬されるキャンパス、国際性のあるキャンパスになるうえで不可欠の条件だと私は思います。率直にいえば、現在のSFCの組織運営にはいくつかの大きな問題があると思います。第一は、透明性や信頼性の低下です。ことに合同運営委員会の機能とアカウンタビリティの低下は、残念ながら指摘せざるを得ません。

いうまでもなく、運営委員会はわれわれ一般教員に代わってほとんどのことを決定することを内規によって委ねられた機関です。形式的にはともかく、実体的にそれが適正に機能していなかったことが最近ある対外的な問題に対するＳＦＣの対応として露呈しました。この事件は昨年（二〇〇二年）十一月に発生したものですが、そのＳＦＣとしての対応に関する一般教員へ説明がなされたのは、相当の時間を経過してからでした。従来の運営委員会では（私が末席を汚していた二年前までは）議論の非効率さという問題はありましたが、重要な問題については徹底的に議論しそのうえで結論を出す、というのがキャンパス創設以来の伝統でした。しかし、本件の一般教員への対応が適切になされなかったことはまことに残念です。

その他の組織運営に関する問題も幾つかあるように思います。すでに述べたバージョン2.0の改訂を急ぐこと、一般教員の意見表明チャネルが欠如しているのでそれを確立すること、教員間での情報や問題意識の共有度が低下しているので何らかの仕組みを作ること、などが必要であるように思います。

こうした問題に対しては、アカウンタブルかつ迅速な意思決定システムを確立する必要があります。そのためには、運営委員会と小委員会の連携強化、委員の権限および責任の明確化、迅速かつ適切な手段による情報伝達、などを図るべきです。また、ものごとを検討する場合、検討期限を設定する（ないし中間報告を義務づける）といった慣行を確立すること、さらには学部長室のオフィスアワーを設置すること、なども課題になると思います。

結論

これらの改革を通して、ＳＦＣにおける意思決定の効率化、迅速化、透明性向上、情報共有の促進、そして楽しいキャンパス、を達成すべきではないでしょうか。ＳＦＣには多彩な教員、知恵、アイデアがあふれており、それらを結集して実行に移す仕組み(collective wisdom の仕組み）を構築しその運営理念を明確化すること、そしてそれに従って学部を運営すること、が求められているのではないでしょうか。そうした体制が確固たるものになれば、ＳＦＣの将来は楽観できると考えます。

環境情報学部のある先生いわく「ＳＦＣはタイタニック号である」と。近い将来、氷山に衝突して沈没する運命にあるにもかかわらず、乗客、乗員は何もそのことに気づくことなく豪華客船の旅を楽しんでいる、というわけです。むろん、この先生は誇張あるいは冗談でいったことでしょうが、ＳＦＣを預かる船長はここで一杯、熱いコーヒーを飲んで眠気を覚ます必要があり、そうすれば氷山への衝突を回避でき引続きすばらしい船旅を楽しむことができると私は確信しています。

ご清聴、ありがとうございました。

（総合政策学部長候補者パネル討論会での冒頭発言、二〇〇三年六月二十五日）

（二）学部教育理念の明確化、組織のインテグリティ強化

司会の阿川（尚之）先生、ご指名ありがとうございました。二年前と同様、思いもかけず今回も学部長候補として推薦をいただきました。推薦して下さった方にまず感謝申し上げます。

私はＳＦＣの課題が何であるかを規定の一枚紙に四点、記載しました。すなわち、①先端性の維持、②学部教育の理念確認とカリキュラム改革、③組織のインテグリティ強化、④総合政策学という概念の確立、この四つです。ここでは、これらのうち私がいまのＳＦＣにとってとくに大切と考える二つの点、すなわち学部教育、組織運営、この二点につき多少敷延したいと思います。

学部教育の理念の明確化

第一点は、学部教育の理念の明確化そしてメッセージ性の強化です。たしかにSFCでは、個々の授業の充実ぶり、一部学生の活躍など、引き続き誇れることが多いと思います。しかし一方では「SFCは『カルチャーセンター』になったのではないか。つまり学生にとって長期的に役立つ教育が行われていないのではないか」という声がキャンパス内外から聞こえてきます。

大学の機能として最も重要なこと、それは極論すれば学部教育だ、と私は考えています。SFCが研究主導のキャンパスであってもそれは同様だと思います。ちなみに、アメリカのリサーチ系大学の名門、プリンストン大学がまさに学部教育最優先の方針を堅持しています（この点はごく最近、私自身現地に出向いて調査し一つの報告書にまとめました）。しかしSFCの現在のカリキュラムをみると、①その構造が明確になっていない、②授業の難易度が全体的に中庸化・平均化している、③クラスター制は期待通りには機能していない、など問題が多くあります（これらの問題は学生に対するアンケート調査でも浮かび上がっています）。

こうした事情を考えれば、いま進行中のカリキュラム改定作業は当然推し進めなくてはならない緊急の課題ですが、現時点での検討状況をみると、基本的な課題に十分対応できつつあるかどうか、やや疑問です。ＳＦＣ学部教育の特徴は、先端的科目の存在、科目履修の弾力性、問題発見・解決型の構造、明晰な思考力や感性（感受性）の涵養など、種々指摘できると思います。

要は、これらの理念を反映したＳＦＣらしい、そしてメッセージ性の強い学部カリキュラムを、叡知を絞って作り上げることが大切です。その場合には学部長の強いリーダーシップが不可欠です。しかし、最近は、カリキュラムの関係でもまず各分野がそれぞれ検討し、それをそのまま足し算して全体の結果とする、という対処がなされようとしている、との印象がぬぐえません。そうしたやり方では良い結果を期待できないと思います。科目名にカタカナを不必要に多く並べることによって先進性をＰＲしようとしたりはせず、メッセージが伝わり易いということからいえば、一案ですが理論系科目群、技法系科目群のほか、活動系科目群などといった名称の分類も考えられます。

良いカリキュラムを作るには、カリキュラム委員をいまのような分野代表的なメンバーで構成するのではなく、例えば三名程度の教員が集中して全部を取りまとめる、といった少人数集中主義によるのが望ましく、またそれによってしか達成できないと私は考えています。その作業を担当される方は、様々な教員の方々と緊密な接触をする必要があるので、作業は時間的にも身体的にも極めて厳しいものになるでしょう。しかしその過程こそが将来性豊かなＳＦＣにとって大切だと思います。強いリーダーシップの下で、この点を踏ん張って行わなければ、統一感とメッセージ性のあるカリキュラムの作成は困難だと懸念しています。

「理念を失った大学はほろびる」という名言（初代総合政策学部長の加藤寛先生による）があります。「カリキュラムをみればＳＦＣの教育理念がわかる」、その様なカリキュラム作りが喫緊の課題だと考えます。

組織のインテグリティ強化

第二点は、ＳＦＣという組織のインテグリティを強化することです。かつて国内外の組織に所属し、それらの運営に色々なレベルで関与した者としてＳＦＣの組織運営をみますと、今のＳＦＣには、透明性、アカウンタビリティ、アイデアを結集する仕組み、などがいずれもかなり欠如しており、また非効率性も否めません。ＳＦＣは、この面での課題は依然大きいと私は思います。

例えば、前に述べたカリキュラム改革の件では、カリキュラム委員会の設置やその取り組みのテンポが私の目から見れば悠長に過ぎるように思われます。カリキュラム改革といった最重要課題は、学部長ないし執行部あるいは運営委員会が、タイミングも含めて強いリーダーシップを発揮することが欠かせません。

ＳＦＣは、もっと組織運営のセンス（あるいはセンシティビティ）を持ち込み、組織のインテグリティを高めることが課題だと思います。具体的には、運営委員会と各種委員会の関係強化など数多くあります。運営機構の改善は、ＳＦＣにとって何か新しい理念自体を生み出すものではありません。しかし、ＳＦＣが何を行っていくか（ＷＨＡＴ）が重要であるだけでなく、それをどのように取り進めて行くか（ＨＯＷ）もまた重要です。長い目で見て尊敬されるキャンパスになるには、むしろ後者の方がより大切かもしれません。

結論

ＳＦＣは「多様性」に恵まれており、知恵やアイデアにあふれています。今回、学部長候補者として推薦された方々の一枚紙のステートメントを拝見して改めてそう感じました。

学部長に求められる要件は、第一にビジョンとリーダーシップ、第二に組織をうまく統轄し健全に運営する力量だと思います。

ご清聴、ありがとうございました。

（総合政策学部長候補者パネル討論会での冒頭発言、二〇〇五年七月六日）

（三）ＳＦＣの七不思議

世界の七不思議、という表現がある。古代のものとしては、エジプト（ギザ）の大ピラミッド、バビロンの空中庭園などが含まれる。それ以外についても、中国の万里の長城、英国（ソールズベリー）の巨大石組み遺跡のストーンヘンジ、さらには米国のグランドキャニオンといった自然界の事物を含めるケースもあるようだ。

いずれの場合でも、該当する事物は、それが人工物であれ自然物であれ驚異的な存在であること、あるいは存在理由が常識的理解を超えること、などが共通点といえる。それらの中には、すでに消滅したものもあれば、現存するものもある。

この類推によれば「ＳＦＣの七不思議」を述べることもできるのではないか。かつては不思議に思われていたが現在ではそうでなくなったものがある一方、筆者にとっては依然として不思議なこと、あるいは新しく生まれた不思議なこともある。ＳＦＣ前進のための議論を誘発することを意図して以下私見を記してみたい。

一、キャンパス正面の階段と滝

筆者にとって着任以来不思議だったことの第一は、ＳＦＣ正面入口の階段の作り方とその横に設けられている階段状の滝（カスケード）である。ＳＦＣの建物に入ろうとする時には、滝のそばを通ることによって修験僧のように水で身を清めつつ、この幅広く緩やかに作られた階段を登って学問の世界に入る仕組みにしてあり、このことを学生諸君に意識してもらうためにこれらを作ったのだ、と加藤寛先生（初代総合政策学部長）から伺ったことがある。ＳＦＣの教室群は、道路より小高い位置にあるのでそれらをアテネのパルテノン神殿になぞらえることができ、それに入る前に滝で身を清める、という発想はすばらしいと思う。

ただ不思議だったのは、その階段の歩幅が（設計者が意図してか否かは知らないが）著しく不自然で歩きにくいものであったことである。もし身長三～四メートルの巨人がいたとすればその人にとっては多分適切な歩幅であったであろうが、普通の人間にとってはたいへん歩きにくい間隔でステップが作られていた。多くの人が長年この不思議な歩きにくい階段を我慢して使用してきた。しかし幸いにも昨年（二〇〇五年）夏、さすがに補修の対象となり、ステップを正常化する工事が行われた。その結果、ＳＦＣの不思議は一つ消滅したといえる。

一方、それとほぼ同時に大掛かりな補修工事が行われた階段状の滝については、補修後にほとんど水流を見ることがなくなってしまった。毎日この横を通るたびに目にするのは、干涸びたコンクリートと、あおさが繁殖し濁った水である。かつてのような爽快な気分になることはもはやない。これは多分、電力節約を意図した措置であろうが、現在水流を見るのはおよそ半年に一回位でしかない。これはＳＦＣの新しい不思議である。わざわざ補修したのに、その装置をほとんど活用しないのはもったいないではないか。経済性だけを優先するあまり、水流を見つつ教室や研究室に向かって行く爽快さという大きな効用を過小評価しているのではないかと思う。他の費用を節約することによってでも、例えば週一回程度は滝の流れを復活させることはできないだろうか。

二、講義受講中の食事

第二の不思議は、ＳＦＣでは講義受講中に学生が食事をすることが容認されていること（あるいは少なくとも実態としてそうなっていること）である。ＳＦＣでは、時間割作成上の制約などから昼食休憩時間を設けるのが困難であり、このためこうした現実が生じている（あるいは許容されている）というのが一般的説明のようだ。また、そのことをもって、ＳＦＣ学生の勉強熱心さの例とされることもある。さらに先般、たまたま学生が何かの発表をしている授業中の様子が歩道から目に入ったが、そこでは何と担当教員（とおぼしき方）が弁当を食べながらその発表を聞いておられた。これには我が目を疑った。

この面での規律の欠如（良くいえば柔軟さ）は、筆者が海外の大学からＳＦＣに着任して不思議だと思ったことの一つである。かつて、ある学部長にこの現象を質問したところ「受講中に学生が食事してよいなどというルールはあり得ない」とのことであり、やはりそうであろうと自分なりに納得した。ＳＦＣは国際性を標榜している。しかし、少なくとも受講中に食事が許容されるというのは、筆者が海外の大学等で経験したこととはかなり異質の現象であり、これに国際性があるとは筆者には思われない。

講義の受講、あるいは授業中の教室には緊張感がみなぎっていなければならない。そうした環境を維持するのは講義担当者の責務ではないか。ちなみに、筆者が担当する授業のシラバスの末尾には、履修上の注意として次のように記載している。――「この授業を受ける場合には次の点に留意すること。①授業中の食事（但し飲み物をのぞく）は、社会通念に合致しないだけではなく、他の受講者の迷惑になるので認めない。②私語が目立つ者は、他の受講者の迷惑になるので名指しをして退室を命じることがある。③教室内では帽子をとること」。これらの点につき学生からクレームが付いたことは幸いにして一度もない。むしろ学期末の授業評価調査表では「当たり前のことをきちんと教えてくれた（違反者には注意を促してくれた）のは当然であり有難いことである」という記載が少なくない。

むろん、共同研究のためのインフォーマルな討議、各種の学内会議、あるいは昼食時セミナーなどにおいては、討議や会議に際して食事をするのは一向に構わない。むしろ、時間の効率的利用の点でそれが望ましい場合もある。しかし、講義を受ける時にものを食べることは、食べながらテレビを見るのとは次元が異なる。受講者は、講義担当者が誰であれその人に敬意を払う必要がある（これは社会一般の不文律ではないか）。受講中に自分勝手に食事をすれば、包みを解く音、食物の匂い、手や口の動き等が周囲の受講者の迷惑になる。教員と学生はこれに気付かねばならない。昼食時間帯に履修科目が重なってしまうような日があるならば、学生自身その日の昼食の取り方を工夫すべきであろう（例えば昼食を通常時間よりもずらすとか、小分けの食事にするなど）。

この問題を含め、近年のＳＦＣはネオ・バーバリズム（新しい野蛮さ）に陥っている、と評した教員がいる（その方は数年前に定年退職された）。むろん万事に規制をかけたり、あるいは文書化したりする必要はないし、またそうしても問題が解決するとは限らない。しかし授業中の食事容認の慣行に関しては、いま一度再検討の機会を持ってはどうだろうか。

三、禁煙化問題

第三の不思議は、キャンパスおよび学生に対する禁煙化の推進が大きく遅延していることである。建物内の禁煙（但し個人研究室を除く）だけは数年前にやっと実現したが、それ以外ではなお発展途上国並みという感じがする。屋外での受動喫煙を防ぐ配慮がまだ十分になされていない。また、喫煙者に対して健康上の観点から禁煙をすすめるという運動はＳＦＣではまだ何も具体的に打ちだされていないようにみえる。国際性を標榜するキャンパスにしては不思議なことだ。

ＳＦＣの銀座通りともいうべきメディアセンター前のアーケード一帯は、ベンチがあり学生にとって良いくつろぎ場所である。しかし、それらベンチの横には灰皿が配置されており、この周辺は事実上喫煙者が占有する地域となっている。ＳＦＣにおける全ての通路の中でも、この一帯はおそらく学生、教職員とも最も頻繁に行き来するところであろう。そこを通ろうとする場合、受動喫煙を余儀なくされるのはキャンパスとして配慮が欠如しているといわざるを得まい（筆者は息を止めて足早に通り過ぎることにしている）。この状況は再検討する必要があるのではないか。

それと同時に、そしてより積極的には、喫煙者に対して健康上の観点から禁煙を進める運動が推進されるべきではなかろうか。喫煙は個人の問題だ、というだけではもはや済まされない。ＳＦＣはその学生全体の健康の管理ならびに向上に務める責務がある。ＳＦＣはこの面でも他大学をリードすべきではなかろうか。

ちなみに、筆者が比較的頻繁に研究滞在するオーストラリア国立大学（ロンドンのタイムズ紙によれば世界の大学ランキング十八位の有力大学）では、建物内は個人研究室も含めて全面禁煙になっているほか、屋外で喫煙する場合には、建物の出入り口、窓、換気取り入れ口などから少なくとも一〇メートル離れた場所で行うこと、などが厳格に規定されている。

四、環境情報学の定義

第四の不思議は、環境情報学がどのような「学」なのか曖昧なままになっていること（少なくとも筆者にはそうみえること）である。環境情報学部の卒業生に授与される学位記には「学士（環境情報学）の学位を授与する」と明記されている。したがって、環境情報学部の教員には当然それをきちんと説明することが求められる。

ところがＳＦＣの公式刊行物（例えば「ＳＦＣガイド」）をみても、環境情報学部では色々な先端的研究が行われており学生はそれらに関する科目を履修できるという説明、あるいはＳＦＣにおける科目履修形態の説明、などが記載されているだけであり、肝心の環境情報学がどのようなものなのかは定義されていない。不思議なことである。また、有力教員の中には「環境情報学は単なる符牒として使っており、各種先端分野を含むことが示唆できれば十分であり、格別の意味を持たなくても良い」と豪語する方もいられるようだ。しかし、それは組織として誠実な態度とはいえない（厳しくいえば日本語の冒涜である）と私は思う。

たしかに、現在の環境情報学部の実体は、ＳＦＣ創設者が想定していたものと比べれば、研究領域・スタッフ・カリキュラム等の面でかなり異なった展開になっている面も少なくない。そういう実体自体をどう評価するかは難しい問題である（私には評価能力がない）が、重要なのは看板と実体を合致させる必要があること（つまりインテグリティの維持）である。

そのための方途は二つあろう。一つは、学部名を実態に合わせたものに変更することが考えられる。例えば「環境・情報学部」「先端サイエンス学部」などアイデアは幾つでもあろう。確かに、これまで使用してきた学部名を変更することには大きなコストを伴うが、長期的にみれば、それはキャンパスのインテグリティ維持とトレードオフ関係にある問題と理解すべきだろう。ちなみに、SFCが他大学に先駆けて一九九八年に実施した外部評価の報告書「慶應義塾大学湘南藤沢キャンパスに対する評価――提言書――」（外部評価委員七名によるものであり外部にも公表）の第十二項においては、長期的課題として学部名称の再検討が一つの課題として指摘されている。

いま一つの方途は、学部名称を変えるのではなく、環境情報学を（再度あるいは新たに）定義する努力をすることが考えられる。これは苦労の多い作業となろうが、筆者の直観ではこの方がより実り多い結果をもたらすように思われる。

なお、総合政策学部については、類似の問題はまずないといえよう。なぜなら、総合政策学とは何か、という問題意識はこれまで多くの教員が常にもってきた（と思われる）し、またそれを明確化しようとする努力が継続的になされてきており、現在も進行中であるからである。ちなみに、政策系のCOE研究グループはごく最近書籍『総合政策学――問題発見・解決の手法――』（大江守之・岡部光明・梅垣理郎編）を刊行している。

五、キャンパスレベルのセミナー

第五の不思議は、ＳＦＣ全体としての（あるいは学部としての）研究セミナーの仕組みが存在しないことである。ＳＦＣでは従来、教員は各自が研究活動をする、あるいは少人数からなる研究グループで研究を進める、という体制がとられてきた。「自立・分散・協調」の精神だ。しかし、いずれの学部とも学部主催の定例的なセミナーの仕組みを持たないまま現在に至っている。

学部として定例セミナーの枠組みを持っていれば、教員相互によるシナジー効果（相乗効果）をさらに高めることが期待できるのではないか。また外部の研究者によるセミナーもそこに埋め込めば、良い触媒機能を期待できると思う。あるいは、新任者の研究方向を開示してもらうためにその場を活用することもできよう。

このようなセミナーの仕組みは、筆者の経験によれば国内外を問わず有力大学では学部として必ず備えているものであり、研究推進（博士課程学生の論文完成を含む）のうえで重要な役割を担っている。幸い、ＳＦＣ研究者グループは、数年前に文部科学省のＣＯＥプログラムに二件採択されたので、そのプログラムを通して研究上協調する機会が増えている。また筆者自身も、毎週水曜日に「ブラウンバッグランチセミナー」を数名の同僚とともに開催している。しかし、これらはいわばＳＦＣ内でもローカルな研究セミナーにすぎず、学部としてのがっちりとしたものではない。制度化した研究会合（定例セミナー）を学部として持つことはやはり重要だと思う。

例えば、次のような考え方によるＳＦＣセミナーの導入はどうだろうか。第一に、全教員がキャンパスに居る水曜日の一時から二時（あるいは一時から一時半でもよい）に開催する。第二に、この時間はセミナーだけの時間とし他の会議等は設定しない。第三に、責任者を決めその方が学期中のスケジュールを管理する、などである。水曜日は、多くの教員が一堂に会することのできる貴重な日である。それにもかかわらず、現在はほとんどの会議が学部運営などのためのものでしかなく、知的刺激を相互に受ける日とはなっていない。ＳＦＣの不思議のゆえんである。

ＳＦＣでは教員の多様化が進んでおり、教員相互の関係（面識）もひところに比べれば相当希薄化しているように思われる。前記セミナーを導入すれば、相互に緊密化する一つの契機ともなろう。

なお、余談であるが、ＳＦＣ教員全員の経歴や研究領域等を記載した小冊子「教員プロフィール」は教職員、学生にとってバイブルともいえるが、近年は顔写真の掲載が欠如している例が増えている（今年度版では実に二十四名もの教員の顔写真が未掲載である）。キャンパスにおける教職員・学生の一体化を進めるにはこうした小さな（しかし重要な）点にも十分配慮すべきであろう。

六、ＳＦＣ教育革新の履歴

第六の不思議は、大学教育の先端を行くと自認しているＳＦＣでありながら、その軌跡を文書ならびにモノについて系統的に残すという発想ならびに行動が乏しいことである（ＳＦＣ教育アーカイブの未整備）。

常に未開拓の研究に挑みつつ先端を走るのは、確かに大きなエネルギーと時間を必要とする。ただ、そうした実験や経験にはそれ自体に大きな意味がある。したがって、その履歴を系統的に残していくことは、日本における大学教育関係者あるいは大学教育史にとって重要な事業である（いわば一種の社会貢献ともいえる）。ＳＦＣにはこの意識が比較的希薄なことが一つの不思議である。

確かに、創成期十年余を記録した書物『未来を創る大学』は刊行された（二〇〇四年）。しかし、ＳＦＣが創始した歴史的ともいえる多くの事物や資料等は散逸しつつあり、いま保存活動を開始してももはや手遅れとなっているものがあるかもしれない。しかし、何よりもＳＦＣが前記の意識を持つことが必要だと思う。

系統的な収集と整理が期待されるものとしては、例えば前記書物『未来を創る大学』を執筆するために関係者が収集した創設期の各種資料（研究室一室分相当にも達する）があるが、それはその後どのように整理ないし保管されているのだろうか。メディアセンターに設置されているコンピュータは更新時期がくれば産業廃棄物運搬トラックに乗せて一括処理されているのを見かけるが、例えばＳＦＣ開校時の第一号機は保存されているのだろうか。また、ＳＦＣが日本で最初に導入した授業評価の原票は、保管能力の制約から最近多くが廃棄処理される一方、創成期の現物は保管する扱いとなったが後者はどのように整理・保管されようとしているのか。

先日、前述したＳＦＣに関する「外部評価報告書」（一九九八年）の写しを見ようとしたところ、何とＳＦＣメディアセンター（図書館）にすらそれが保管されていないことがわかり驚いたことである。そして、当初は教員そして学生とも大いに活用していた在室ランプ一覧板（学事掲示板の左側に設置）も、現在は誰も関与しない無用の長物となった感があり、文字通り博物館行きの候補かもしれない（これは半分冗談）。

ＳＦＣでは、自らの教育を中心とする各種資料を一箇所に集める仕組み（アーカイブ）を作る意義とその必要があろう。例えば、ＳＦＣ授業ガイド、キャンパスライフ調査、授業調査表、イヤーブック、ＳＦＣレビュー誌、運営委員会議事録、教員プロフィール、初回のＡＯ入試願書、ＣＮＳ（キャンパスネットワークシステム）ガイド、各種写真記録、ＳＦＣ関連の新聞・雑誌記事、各種システムや事物（コンピュータ等）など。それを担当する教員および事務員を（他業務と兼務して）任命するとともに、そのためのスペースを確保し「継続は力なり」をモットーにしてこれに取り組んでゆく必要があるのではなかろうか。そのシステムを作っておけば、いずれ編纂の時期がくる『ＳＦＣ

二十五年史』の作成も容易になろう。

七、教職員向けリフレッシュ・サービス

最後、第七番目の不思議は、教職員のために各種運動種目へ自由にそして無料で参加させてもらえるプログラム（リフレッシュ・サービス）が頻繁かつ継続的に提供されていることである。これは、体育科目担当の教員の皆さんが学期中一～三週間おきに企画、実行してくださっているSFC内のプログラムである（一回分は夕方約一時間半）。これらの方々による自主的な教職員への奉仕活動として行われている点がまず特徴的である。また、これまでに開催された種目としてテニス、バレーボール、ゴルフ、ボーリング、バスケットボールといった比較的一般な種目はもとより、フットサル、気功、エアロビックス、早朝ウォーキング、トレーニング、剣道など、多種多様なものが経験できることもいまひとつの特徴といえる。さらに、これら種目を指導してくださるのは、その種目の専門家である点も他に例がない。

大学という組織においてこのプログラムほど贅沢なことが提供されている例を筆者は

寡聞にして知らない。これはＳＦＣがコミュニティとして誇るべきことであり、まさにＳＦＣならではの不思議といえる。リフレッシュ・サービスは開始以来すでに七～八年経過しており、毎回七～八人から二十人程度の教職員が参加している。おカネが全てといった悲しい風潮が広がるこの世の中で、これは実にありがたいことだ。佐々木（三男）先生をはじめ体育関係教員の皆さんに深く感謝している。

筆者も、仕事や他のスケジュールを多少犠牲にしてでもできるかぎりこれに参加させてもらっており、おかげで従来全く経験したことがなかったスポーツを種々新たに体験できた（気功、剣道等）。とくに早朝ウォーキングは、ＳＦＣ周辺の林野の様子を知ることができるうえ、その日の始まりにとって新しい気分をわき立ててくれる。余計なことかもしれないが、教職員の多くの皆さんが積極的にこのプログラム（ＳＦＣの宝）を活用することを期待している。なおリフレッシュ・サービスの詳細は、楽しい写真付きの下記ウエブページに掲載されている。

http://www.sfc.keio.ac.jp/wellness/refresh/index.html

筆者は、前記第七番目の不思議は今後とも残してもらいたいと考える一方、それ以外の不思議は解消していくことを期待している。

（慶應義塾大学ＳＦＣオンラインニュースレター「パンテオン」、二〇〇六年四月）

(四) オーストラリアで学んだSFC

私はかつてオーストラリアのある大学に勤務しており、一九九四年の春、そこからSFCに着任した。新しく奉職するSFCとは果たしてどんなキャンパスなのか。南半球に居ながらこれを理解し、心の準備と授業準備をすることが着任前の私にとって最大の課題であった。そのために読みあさったものが三つある。

第一は、加藤寛総合政策学部長（当時）からいただいた書籍『慶応湘南藤沢キャンパスの挑戦』である。この書物では、日本における大学改革の必要性とそれを実現しようとするSFCが情熱をもって語られており、その教員に加われることの幸せを痛感した。第二は、SFC事務室から受領した「SFCガイド（授業案内）」および研究会シラバス（全教員のゼミの内容および授業計画の紹介）である。ここでは、個々の授業がいかに工夫されているかを具体的に知ることができ、自分の授業シラバスを作成するうえで良い手引となった。

そして第三の資料は、当時SFC事務長だった孫福（弘）さんからいただいた「慶應義塾大学湘南藤沢キャンパスの取組み」という資料である。これは、ある雑誌に孫福さんが一年余にわたって連載された記事を簡易製本したものである。雑誌記事のコピーではあるが、書物一冊分の分量がある。

この資料は、私にとって実に貴重であった。なぜなら、そこではSFCの理念のほか、授業の特色、授業評価、入学選抜、新しい研究スタイルなど、SFCが総合的にかつ可能な限り統計データをもとに記述されており（例えばAO入試の面接方法や面接時間、メディアセンターの利用状況、教員オフィスアワーの利用率など）、また今後の課題も率直に記述されていたからである。このため、私のSFC理解はより深まることになった。

そして何よりも驚いたのは、このようにSFC全体を具体的、分析的、そして客観的に書く能力を持った人物がキャンパス事務長を務めている点であった。通常の意味での事務トップならば、大学教育や研究のあり方、新制度の位置づけ、今後の課題といった最も本質的な点をこれほど自信を持って書くことはまず不可能である。ＳＦＣは、やはりこうした異色の事務長をいただいているからこそ、日本の大学改革を先導しつつあるのだ、と私は直感的に悟った。

着任後は、孫福さんの情熱、実践力、統率力などを直接目の当りにすることができた。その後ＳＦＣに関する自分なりの理解を取りまとめた小著『シドニーから湘南藤沢へ』を刊行し、三田本部にすでに栄転されていた孫福さんに献本した。その時にていねいなお礼メールをいただいた。「ＳＦＣのコンセプトを本当によく理解していただき、最初から参加された方たちの多くよりはるかに深くＳＦＣの精神を体現していただいていることに、最大限の敬意と感嘆の念を抱いております」と。そのメールに接し、私は安堵するとともに、とてもうれしかった。私をそこまで運んでくれたのは、一つには孫福さんからもらったあの資料のおかげである。

あれからもう十年以上も経つ。ほとんどのページに自分でびっしり赤ラインを引いたこの資料を、いまなつかしく眺めている。

（孫福弘君追悼文集『こぶし——孫さんのことども』慶應義塾大学出版会、二〇〇五年）

第四章　学部ゼミ生および大学院生へのメッセージ

（一）ゼミ生のタームペーパーへのコメント

岡部研究会の皆さんあて

一、今学期（二〇〇五年度秋学期）に書かれたタームペーパー（学期論文）二十二編は、全体としてみると素晴らしい出来ばえであった。とくに二年生の場合、論文執筆の経験が乏しいにもかかわらず、論文の質、分量（ページ数）とも優秀なものが多く、私にとって大きな驚きであった。テーマの設定、論文の書き方、研究への取り組み姿勢などの面で、諸君らの努力のあとがうかがわれた。完成度の高さに感動を受けたものも多かった。諸君のタームペーパーにかけるエネルギーの注ぎ込みぶりと成長ぶりは、たいへんうれしいことである。

二、良かった点を具体的にいえば次のような点。

①論文スタイルの完成度の高さ（形式・論理・体裁の面。とくに継続履修者の場合）、

②分量的な充実（二十〜三十ページのものが多いが五十〜六十ページの大作も散見）、

③意欲的な取組み姿勢（理論的分析、計量経済学的研究、新規領域への応用研究等）、

④主要概念をまず定義する姿勢（XXとは……である、という明示的な記述）、

⑤自作の図表が多く取り入れられていたこと、など。

諸君は、今学期に実行したような論文執筆の仕方に自信をもってよい。

三、論文の評価は、Aプラスが五件、Aが七件、Aマイナスが四件、Bプラスが四件、Bが一件、Cが一件である。各論文には、評点とともにコメントを記載したので、今後（春休み中または新学期の適当なとき）に私の部屋に立ち寄ってもらえれば、採点後の論文を一時返還する（論文は一日間だけ貸与するので当日のうちに返却すること）。

四、改善を要する点と今後留意すべき点。

①比較的多くみられたのは、依存した文献（出典）を十分に明記していないケースがかなりあること（とくに新規履修者の場合）。一般的事項を説明する場合でも、通常は全部自分で説明を考え出したのではなく、幾つかの文献を参考にしているはず。それを適宜明記する必要がある。参照文献の表示は、ややくどいと思われる位に行って結果的に丁度よいものになる。それが行われていない論文は信用度が低い。

②表を用いた整理。文章だけで記述するよりも、簡単な表を作って整理するのが効果的である。例えば、メリット、デメリットを議論する場合、適当な項目を立てて論点を一つの表に整理するなど。そのような表を作成する過程でものごとの整理が進み、表を文章化すればよいだけ、という結果になることが多い。

五、履修者全員の論文の「概要」を収録した「研究論文概要集」は、湘南藤沢学会の審査を既にパスし、目下印刷の過程にある。今回は、従来（各人の概要一ページだけを記載）とは異なり、概要を含め各自に二ページを配分したのでかなり豊富な内容が盛られた冊子になる。印刷完成後に改めて全員に連絡する。

六、優秀論文の湘南藤沢学会への推薦。論文としての完成度が高いこと、独創性があること、洞察力がみられること、を満たす論文を従来通り推薦する。私のＳＦＣ着任以来一〇年あまりのうち、今学期ほどその選定に頭を痛めたことはなかった。結局、基準に該当する論文を研究会優秀論文として従来どおり推薦するほか、その他の優秀な論文を次のように扱うこととした。

①優秀論文一（藤原史義君・千野剛司君）「金融インフラの理論分析」

②優秀論文二（田中竜二郎君・加藤祐子君）「金融政策の分析」

③大学院ワーキングペーパーへの投稿（関晋也君論文。ただし岡部が全面手直しして共著化する）「Ｍ＆Ａの計量分析」

④卒業製作ＳＦＣアウォードとして推薦（村上淳也君）「三つの研究」

前記の他にも推薦論文に比べて何ら遜色のない論文も何件かあった（とくにユニーク

なテーマを取り上げた幾つかの論文など）。推薦件数には制約があるため、論文としてAプラスの評価を得たにもかかわらず残念ながら前記の四ケースに含まれない論文もある。それらの論文は、大切に保管し、四年次の卒業製作の一つの部品にすることを勧める。

七、履修者のうち、今回は三名の諸君が「卒業製作」（卒論）を仕上げた。いずれの卒論も質および量の両面で実に見事なできばえであった（前記の村上論文は百八十ページの力作である）。製本された卒論をいずれ共同研究室に配置するので参考にしてほしい。卒論は一朝一夕にできるものではない。毎学期しっかりしたタームペーパーを書くというプロセスを踏み、その集大成を卒論として編集するという行き方を改めて勧めたい。それは、リスクが少ない一方、実り多い方法でもある。

八、皆さん、有意義かつ思い出の多い春休みを過ごすよう期待しています。

（岡部研究会の学生あて電子メール、二〇〇五年二月十日）

（二）半学半教――慶應義塾の伝統

岡部研究会の皆さんあて

慶應義塾には「半学半教」という伝統というか、ひとつのモットーがあります。これは、ひと言で言えば「学生にして教師を兼ねる」という考え方です。昨日の送別会でも、四年生の諸君が「一年ないし二年上級の研究会先輩から実に多くの様々なこと（研究論文の書き方ほか）を学んだ」と述懐していました。まさにこれです。

四年生（そして三年生）の諸君は、その伝統を下級生（二年生、三年生）に伝達されたわけであり、うれしく思います。そのおかげもあって、二年生のタームペーパーは全体として見事なできばえでした。この点で、皆さんが自由に利用している共同研究室の存在は、お互いに励ましあうことのできる空間として大きな意味があったことでしょう。

半学半教という教育形態は、もともと江戸時代から明治初年にかけて、経営基盤の弱い民間の私塾において費用節約のために発生した制度です。しかし、慶應義塾でこの仕組みを重視していることの根底には、学問は上達すればするほど奥深くなり、それを究めることは一層むずかしくなるので、学問の完成は永遠の課題である、という思想が込められています（『慶應義塾豆百科』）。

これと同様の考え方は、プリンストン大学など米国の優れた大学でもみられます。同大学では「大学において最も大切な学生（student）は教員（faculty）自身であり、もし教員が学び続けていなければ、そして成長し続けていなければ誰も学び成長することはできない」という考え方が多くの教員によって表明されています。私もその精神で引き続き精進しているところです。

新学期から四年生になる諸君も、半学半教という伝統を継承して下級生と一緒になって勉強されるよう期待しています。

（岡部研究会の学生あて電子メール、二〇〇六年一月三十日）

（三）明晰な日本語による発表

岡部研究会では、履修者に対して二つのことがらを要請している。一つは学期毎のタームペーパー（学期論文）の執筆、もう一つは指定テキストの輪読だ。指定テキストを輪読するというゼミ学習の方式は一見古風に過ぎる（ＳＦＣでは多くない）かもしれない。しかし、その重要性はいくら強調しても強調しすぎることはない。当研究会で指定テキストを輪読をするのは、次の二つの目的からである。

①学術論文をしっかり読み込む力をつけること。

②明晰な、正確な、そして効率的な日本語で発表し、討論する力をつけること（日本語の話し方の訓練）。それは論理力の訓練でもあり、国際的に通用する実力をつけることを意味する。

また、発表に際しては、特に次の二点に注意すること（指定討論者がコメントする場合も同じ）。

①しゃべる文章は文章として完結したものとすること（例えば、「……だが。」などというのは完結した文章ではない。語尾は「……です。」「……ます。」など「。」で終るものとすること）。

②知性を疑われるような用語や表現は避けるように努力すること。たとえば次のような言葉の使用は、教室では原則として禁止する（教室以外でも使わない方が良い）。

―「……とか。」（例示を表現する場合は問題ないが、それ以外の場合は伝達能力のなさを示唆している。）

―「……のほうは……」（「ほう」は不必要なボカシであり無責任を示唆している。）

―「……けれども……」（文意が逆接の場合は可。そうでない場合には、不必要なぼかし、あるいは論理的伝達力の欠如を示唆している。）

―「どうも。」（副詞の場合は可。本来の意味の「ありがとう」「すみません」などと明確にいうべきである。）

―「すみません。」（謝る場合は可。感謝の場合にこの表現を使うのは不適当。感謝は「ありがとう」と表現するべきである。）

―「超（チョウ）……」（一部の形容詞的用法は可。それ以外にはむやみに使わないこと。）

明晰な日本語がしっかり話せないのに、英語が上手に（説得性のある話し方で）話せることはあり得ない。日本語を話す時でも、常に意識して良い（明晰な）言葉を使うという姿勢を維持されたい。

（岡部研究会履修者への配付冊子「研究活動の手引」より）

(四) 実り多かったインターゼミナール

岡部研究会の皆さんあて

一、先週末土曜日(二〇〇五年十二月三日)の経済学部池尾(和人)研究会とのインターゼミナール(インゼミ)は、たいへん実り多いものだったと思います。私の印象では、これまでのこのインゼミの歴史で最も活発な議論がなされたように感じます。とくに先方の研究が発表された直後に、当方からコメントや質問希望者が多数、そして一斉に手を上げる様子は壮観でした。

二年生、三年生、四年生とも積極的に議論に参加されたこと、とてもよかったと思います。また報告担当の石関(芙実子)さん、鈴木(麻里絵)さん、そしてインゼミ幹事の永井（祐二）君は、それぞれたいへん努力され見事に役割を果たされました。貴重な経験になったことでしょう。

二、今回行われた冒頭の各ゼミ紹介は従来にない新機軸でした。来年もそうするのがよいと思います（当方もその関連で配付物を一枚、事前に準備するのが望ましいと思います）。

三、幾つか具体的な点についてのコメント。

①企業を把握する視点としてＰＡＲＣという表現が最近でてきている（池尾先生の指摘）。People（人）、Architecture（組織構成）、Routine（定例業務）、Culture（文化）を意味し、これは確かに下記の書物に出ています。

John Roberts, *The Modern Firm: Organizational Design for Performance and Growth*, Oxford University Press, 2004.

②トリレンマ（trilemma）。これは、為替レートの固定、国際資本移動の自由、

金融政策の自立性という三つの重要事項のうち、二つは同時に達成できるが三つ全部を同時には達成できない、という命題。国際金融論で極めて重要な概念であるが、理解がやや難しいかもしれない。私の次の論文の八ページ〜十一ページに解説をしてあります。

http://web.sfc.keio.ac.jp/~okabe/book/report_global.html

四、来年はさらによいインゼミを作りましょう。

（岡部研究会の学生あて電子メール、二〇〇五年十二月五日）

（五）雑談――米国ペンシルバニア大学ウォートンスクール

岡部研究会の皆さんあて

数日前の新聞に左記のような記事がでていました。

ここで言及されている米国ペンシルバニア大学ウォートン校は、二十五年前に私が修士号（ＭＢＡ）を取得した大学であり、また十年前にはその大学院（ＭＢＡコース）で一年間、「日本経済金融研究」のセミナーを担当していた大学でもあります。このビジネススクールは、大学レベルのビジネススクールとして米国で最初（一八八一年）に創設された由緒ある学校として知られています。今回の世界のトップ校というランキングは個人的にはうれしいことでした。

なお、このウォートンスクール大学院を目指すＳＦＣ卒業生の何人かに対して私は推薦状を書いたこともありますが、残念ながら、まだＳＦＣから入学した例はないようです。

【参考】「日本経済新聞 夕刊」二〇〇一年一月二十二日

国際ＭＢＡランキング、米ハーバード首位転落
――日本勢は一〇〇位圏外、英紙まとめ――

英フィナンシャル・タイムズ紙が二十二日に報道した二〇〇一年の国際ＭＢＡ（経営学修士号）プログラム比較ランキングで、米ペンシルバニア大学のウォートン校が一位となった（次表を参照）。米ハーバード・ビジネス校は初めて一位の座から滑り落ち、二位になった。ペンシルバニア大のプログラムは調査能力や学生の国際性などが高く評価された。上位十校のうち米国が八校を占めた。アジアでは香港科学技術大学（四十八位）などがランク入りしたが、日本勢は上位百校に入らなかった。卒業生の給与は米大出身者が高く、一九九七年のスタンフォード大卒業生（現在三十二歳前後）の年収は十

八万五百三十三ドルという。

【表】二〇〇一年のMBAランキング（カッコ内は前年順位）

順位		大学	国名
1	（2）	ペンシルバニア大ウォートン校	米国
2	（1）	ハーバード・ビジネス校	米国
3	（3）	スタンフォード大	米国
4	（6）	シカゴ大	米国
5	（5）	コロンビア大	米国
6	（4）	マサチューセッツ工科大スローン校	米国
7	（9）	インシアード	フランス
8	（8）	ロンドン・ビジネス・スクール	英国
9	（7）	ノースウエスタン大ケロッグ校	米国
10	（13）	ニューヨーク大スターン校	米国

（岡部研究会の学生あて電子メール、二〇〇一年一月二十五日）

（六）岡部研究会の卒業生、金融学会で報告

岡部研究会の皆さんあて

勉学上の参考情報を一つお伝えします。

一、本日（二〇〇五年十月八日）の金融学会（大阪大学にて開催）で岡部研究会卒業生の光安孝将君（今年三月に卒業）が立派に論文報告をされました。その論文は「金融部門の深化と経済発展——多国データを用いた実証分析——」（岡部・光安共著論文、http://coe21-policy.sfc.keio.ac.jp/ja/wp/WP69.pdf）です。

これは同君が四年生の秋学期に書いた論文を拡張したものです。指定討論者の堀内昭義氏（中央大学教授、東大名誉教授、金融学会の前会長）は、いくつかの疑問点等も当

然指摘されましたが次のようなコメントを下さいました。

「金融部門も銀行と資本市場の貢献度が経済発展の段階に応じて異なるという発見は非常に興味深い。私はこの論文の議論に多くの共感を覚えるし、いくつか教えられる点も発見できた。」

岡部研究会を卒業したばかりの人がこのような立派な報告を学会で発表できたのは私（岡部）としてうれしいかぎりです。金融学会は格式の高い学会であり、発表者は大学教員や研究機関の研究者が大半であり、そのほかには大学院博士課程の学生の発表が多少あるくらいです。学部卒業直後の人が（学部時代に書いた論文を）発表する、というのはおそらく前例がありません。同君は、配付資料や発表用パワーポイントを私と一緒に何度も練り直しましたが、発表は、私が冒頭の三分間だけ序論的内容を述べたあと、本論は二十分間かけて光安君が発表しました。昨夜遅くまで発表のリハーサルをしてもらい、今日は無事発表を終えることができたというわけです。

二、同君が二年生のときに書いたタームペーパーは、ほとんど論文の体をなしていなかったことを思うと、二年余りでこれほども成長できるかと驚いています。現在二年生の諸君の場合、このような機会があることはおそらく夢のような話かもしれませんが、努力をすればこれほどまでのことができる可能性があるわけです。皆さん精一杯勉強してください。

（岡部研究会の学生あて電子メール、二〇〇五年十月八日）

【参考】光安孝将君からのメール返信

「岡部研究会の卒業生、金融学会で報告」への返信

二〇〇五年十一月九日

岡部先生、岡部研究会の皆様

お世話になっております。ＯＢ一年目の光安です。報告が大変遅くなってしまい恐縮ですが、先に岡部先生からご紹介があったとおり、日本金融学会で発表をしてまいりま

した。
私からも感想も含めて三点報告したいと思います。
一、まず岡部先生には、発表にかかる諸手続きをはじめ、プレゼンテーションの一言一句に至るまで熱心にご指導頂いたことに大変感謝しております。先生の的確かつ強力なサポートなしでは、学会発表という機会や、その成功はなかったことは確実です。本当にありがとうございました。
二、続いて学会の感想ですが、書物でしか見たことがないプロの学者の真剣勝負を間近で見られたことは貴重な経験でした。
ただ一方で、全く手が届かない別世界ではないとも思いました。勿論、分析手法等については高度なものが多いのですが、例えば、発表のスタイルは岡部研究会の合宿のそれと全く同じであり、やってきたことは間違いじゃないという自信にも繋がりましたし、それは現役の皆様の自信にもなると思います。

私自身の報告に関していえば、大勢の学者の前で発表できたこと（岡部研究会の卒業生であり、金融学会ですでに報告経験のある鷹岡澄子さんも聞きにきて下さいました）、堀内先生からA４サイズ用紙で二枚もコメントを頂けたことなど、本当に素晴らしい体験ができました。

三、最後に後輩の皆様へメッセージです。いかにして楽に二単位を取るかに関していえば、「岡部研を履修しない」ことが最善の選択肢だと思いますが、いかに充実した学生生活を送るかに関しては、「岡部研の履修」は最善の選択肢の一つだと思います。

今学期の岡部研究会はフレッシュな顔ぶれが多いと聞きました。学会報告の記録ぐらい俺が破ってみせるというぐらいの気迫で、遊びと勉強のメリハリをつけながらエンジョイして下さい。

後輩の皆様の成長と活躍を楽しみにしております。

光安 孝将

（日本銀行 長崎支店）

（七）学会発表のポイント

大学院「市場とガバナンス」ブラウンバッグランチセッション参加の大学院生の皆さんあて

写し送信先―関連教員の皆様

一、私（岡部）は、この週末（二〇〇四年九月十一～十二日）名古屋で開催された日本金融学会に出席しました。学会出席はいつもながら色々な刺激を受け、そして学ぶ好機です。また旧知を暖めるとともに、新しい知己を得るという意味でも有益な機会です。諸兄も機会があれば、できるだけそれをとらえて出席することを勧めます。

二、今回は論文を一つ発表しました（何歳になってもそれはプレッシャーが多いものですが、一方では学ぶことも多いことをいつも感じます)。この機会に、幾つかのアドバイスを諸兄にしておきたいと思います。これらは私がいつも述べていることですが。なお、私自身の発表資料二点(パワーポイント資料、配付資料)を二つの別メールで送信しておきます(添付略)。模範例とまではいかないかもしれませんが、参考にしてください。

三、口頭発表の仕方について。

①与えられた時間内に発表を必ず終えること。そのためには、何度もリハーサルをすること。指定討論者としてコメントをする場合も同じ。今回の私の場合も、前日までのリハーサルに加え、当日も静かな部屋を見つけて最終的に二回、自分で予行演習をしました(所定の二十五分きっちりで報告を終えることが出来ました)。

時間厳守の理由。時間は会議参加者全員にとっての公共財だから。それが認識できていない人が、金融学会の様な場でも発表者の二〜三割も居ます(いつものことです。座長から早く終わるように促されるのはみっともないことです)。私の経験では、国際性の高い(力量のある研究者の多い)学会や国際会議ほど、参加者は自らこの点を強く意識しており、時間が厳守される傾向が強い(たとえば先般九月一日に出席したNBER主催の国際会議)。

②パワーポイント資料は、

(a)一枚に書き込む情報が多すぎないように注意すること。

(b)大きな活字で打つこと。

(c)不要な図柄ないし背景図は入れないこと。

(d)文字のカラー化は効果的であるが多用はしないこと。

(e)あまりにもありふれた図柄は避けること(多くの人が用いている同じ図柄に次々と出会うといやになる)。

③配付資料（ハンドアウト）は、

（a）簡潔かつ情報の多いものとなるよう工夫すること。

（b）枚数も多すぎず少なすぎずに。また扱いやすいサイズの用紙とすること（今回の私の配付資料はA４サイズ用紙では四枚になりますが、A３サイズ用紙をもちいて裏表印刷で一枚にしました）。

（c）配付資料は、パワーポイント資料自体の縮小版にするか、それとも別のものにするかは、よく検討する余地がある。（いずれが良いかは一概にいえないが、今回の私の場合、パワーポイント上では煩雑になりすぎることがらが幾つかあったので、配付資料はパワーポイント縮小版ではないものを別途作成しました。）

四、なお今回発表したのは岡部光明・藤井恵の共同論文です（藤井さんは岡部研究会四年の学部学生）。発表論文は、ＣＯＥのワーキングペーパー第三十四号です（http://coe21-policy.sfc.keio.ac.jp/ja/wp/WP34.pdf）。金融学会は格式を重んじる学会であり、発表自体は（共著者であっても）大学院博士後期課程の学生以上でないとできません。したがって、今回は私一人が発表、藤井さんはそばに座っているだけしかできませんでした。でも、学部学生を共同著者とする論文が発表されたのは、金融学会では（すくなくともここ二十五年くらいの間では）初めてのことです。ＳＦＣ学生が学会の慣例に風穴をあけたといえるかもしれません。

プログラム最終日の最終セッションだったので発表をきいてくださったのは三十名程度にすぎませんでしたが、それでも多くの有力研究者（たとえば日本金融学会会長である旧知の一橋大学の清水啓典氏など）の顔がフロアに見えました。

学会発表は真剣勝負です。発表に際しては、聴衆を引きつけるよう万全の準備をして臨んでください。

（大学院生あて電子メール、二〇〇四年九月十三日）

(八)　研究論文作成のポイント

大学院「市場とガバナンス」ブラウンバッグランチセッション参加の大学院生の皆さんあて
写し送信先―ＣＯＥ研究員の皆さん

いまオーストラリア国立大学（首都キャンベラ）に滞在しています。日本は夏休み中とて勉強する気持ちが薄いかもしれませんが、こちらの季節は冬であり、学生にとっては今が勉強の最盛期です。

昨日、当大学の博士課程学生の学位論文中間報告セミナーに出ました（ＳＦＣでいえばインフォーマルないしフォーマルの論文発表試験に相当）。テーマは「日本における銀行部門のガバナンス」（Banking sector governance in Japan）であり、それを歴史制度研究（historical institutionalism）の視点から理解しようとするもの。セミナーの席上、発表者に対して多くのコメントをしましたが、ここではその内容ではなく、より一般的な観点から皆さんが修士あるいは博士の学位論文作成に際してポイントとなることがらを、参考までに別紙のとおりメールでお伝えします。

ほとんどのことは、私がいつも言っていることの繰り返しです。しかし、このセミナーでは、私以外の参加者からも同じような観点からのコメントが多く出されました。学位論文作成には普遍性の高いポイントがあることを改めて感じたわけです。

オーストラリア国立大学にて

岡部 光明

【別紙】研究論文作成のポイント

一、論文の枠組みを明確なものにすること。

扱おうとしているテーマはなぜ重要なのか（relevance）、どのような方法で分析するのか（methodology）がまず明らかにされている必要がある。単にインタビューを重ねたり、多くの事実を収集しただけでは論文にはならない（今回の学生の内容はこうした色彩があった）。

二、中心となる概念（用語）を厳密に定義すること。

そして、そこに含まれることがらを基礎とし、発展させることによって論文を展開すること（axiomatic development）が不可欠である。ＳＦＣの修士論文や博士論文の中間段階での発表においては、相当多くのケースでこの点が不十分である（そうした場合には、たいてい論文の骨組みとポイントが不明確であり学術論文としての展望が十分についていない）。

ちなみに「ガバナンス」という言葉は近年色々な意味あいでますます頻繁に使われているが、使用者はまずそれを定義する必要がある（今回の当大学でのセミナー「日本における銀行部門のガバナンス」でもこの点が厳しい批判にさらされた）。「ガバナンス」は様々な理解の仕方が可能であるが、私（岡部）の基本的考え方は、別途記したとおりである（本書の第二章第四節に再録）。

三、図解することによって論理を研ぎ澄ますこと。

論文の骨子が簡潔に図解できないような論文は、多くの場合、良い論文になっていない。逆に基本的な論理を図示する努力をすれば、論文の論旨を明確化することに大いに役立つ。

ちなみに、前記の今次セミナーでは、発表者から事前に図だけを五〜六枚もらい（文章や口頭説明は一切受けず）それを読み解いたうえでコメントメモ一枚（批判および幾つかの建設的コメント）を作成し、当日セミナー参加者に配付した。当日セミナーでの発表を全部聞いたあとでも、そのメモを修正する必要は全くなかった。このことは、図解がいかにパワフル（見方によればもろ刃の剣）であるかを示している。

図解の重要性とそのいくつかの例は、私の学部研究会用の詳細シラバス（研究の手引き）にも記載してあるので、興味ある方はそれを入手してご覧ください（私の研究室κ310の前の箱の中に多少余部があるので持ち去ることができます）。

（大学院生あて電子メール、二〇〇四年八月十三日）

（九）英国オックスフォード大学に到着

岡部研究会の（所属だった）皆さんあて

（このメールは、旧来の集合メールリストあてに送信しているので、新四年生、新三年生、および先月卒業した諸君が受信していることでしょう。以下、私の近況報告です。）

一、たいへん幸いなことに、私は今年度（二〇〇一年度）一年間、研究休暇（サバティカル・リーブ）を与えられ、この間に英国オックスフォード大学、米国ミネソタ大学、そしてオーストラリア国立大学の三大学に滞在して研究に専念することになりました。こんなにぜいたくな機会は私の人生にとってたぶん最初で最後の機会でしょうから、帰国後に大学教員の責務を一層適切に果たせるようこの期間を最大限有効に活用するつもりです。この一年間は日本を離れますが、私の活動状況等を折に触れて皆さんにお知らせする予定です。

二、オックスフォード大学に到着してから一週間経過しました。ここは、本当にすごいところです。八百年前からの建物がそのまま学寮や食堂に使われている。町と大学は、まさに歴史の集積という感じ。

現在は、前学期と新学期（四月二十二日スタート）の間の学業休暇期間中であるため学生はほとんどいませんが、周辺には、桜、れんぎょう、モクレンなどの花が咲き、また木々の新芽も出始めています。日本よりひと月遅れの春です。

三、私は、セントアントニーズ・カレッジというところに研究室をもらい、インターネット接続も完了（だからこのメールを発信できているわけですが）、住まいも決定し、ようやく一段落です。

ここに住んでいるだけで、西欧の歴史の流れの中に居ることを感じてぞくぞくしてきます。街や大学をじっくり巡るのにまだ数週間かかる見込み（そのうちに、研究もスタートさせますが）。なお、オックスフォード大学の図書館の書物検索システム（http://library.ox.ac.uk/）を使い、ここに私の本が所蔵されているかどうか検索したところ、なんと六冊（英文の書物、および単行論文冊子）もあることを発見、うれしくなりました。

四、ＳＦＣでは月曜日から新学期（二〇〇一年春学期）、皆さん、精一杯勉強してください。四年生の就職活動もこれから最終段階に入ると思いますが、そちらのほうも大変でしょう。がんばってください。また、社会にでられた人は（ＳＦＣにアカウントを残していればこのメールを受信していることでしょう）、新しいことをどん欲に吸収し、成長してください。

（岡部研究会の学生あて電子メール、二〇〇一年四月八日）

（十）米国ミネソタ大学に到着

旧岡部研究会の皆さんあて

八月初めにオックスフォード大学を引き上げたあと、九月初め（二〇〇一年）にアメリカのミネソタ大学に到着し、新しい場所での研究生活が始まりました。

この大学は、美しい建物と広いキャンパスをもつ大きな大学（州立大学）です。いかにもアメリカの大学という感じ。こちらでは、今週から新学年度（秋学期）がスタートしました。若々しい学生諸君がキャンパスにあふれているのをみるのは実に快いことです。

私の所属は、カールソン経営大学院（Carlson School of Management）というビジネススクール大学院です。校舎は三年前に建替えられた斬新な建物です。建物の中央が中空(atrium)方式になっており、地下一階から地上四階までがふきぬけの空間であり、研究室、教室、コンピュータ室などがその空間の周囲に位置しています。よくデザインされていると感心。そこの三階に個人研究室をもらっています。

ここでは、まず『株式持合と日本型経済システム』という本の英語版の原稿を数日のうちに完了させる予定です。その書物の内容をこの大学でのセミナーや首都ワシントンでの日本経済セミナーで報告せよ、という話がきているので、対応するつもりにしています。それらが終われば、次はSFCで来年度に担当する新しい授業科目「経済政策分析」の内容を考える予定です。

SFCでは間もなく秋学期。皆さんも、おおいに勉強してください。アメリカの大学生に負けないように。いまや学生も国際競争の時代です。

(岡部研究会の学生あて電子メール、二〇〇一年九月五日)

（十二）オーストラリア国立大学に到着

旧岡部研究会一、研究会二の皆さんあて
（そして来学期岡部研究会を履修予定の皆さん）

今週の初め（二〇〇二年一月二十日）、オーストラリア国立大学（首都キャンベラ所在）に到着しました。

一、一年間のサバティカルリーブ（研究休暇）のうち、オックスフォード、ミネソタに続き海外大学における最後の滞在です。ここでは三月初めまでの約一か月半の期間、滞在する予定です。当地は真夏ですが、暑すぎるということはなく、むしろ快い気候です。大学のキャンパスは白い幹をもつユーカリの木々が美しく、そして広大です。学内をちょっと移動するにしても二十〜三十分かかるので、ここでも、ミネソタ大学の場合と同様、自転車を購入する予定です。

二、この大学では、アジア太平洋経済政治学部（Asia-Pacific School of Economics and Government）の客員研究員として招聘され、その研究組織の一つである「豪日研究所」に研究個室をもらっています。所長のピーター・ドライスデール教授や、ジェニー・コーベット教授（私が昨年春学期に滞在した英国オックスフォード大学より最近ここに移籍）は長年の知己です。またこの豪日研究所は、かつて私自身オーストラリアの大学に勤務していたとき、同研究所が主催する研究会議への出席、セミナー発表、研究所の参与会議への出席など、色々な機会に来ることがあったので、アットホームな気分です。

三、今回は、二月二十二日に「日本企業組織の新展開」（What's new in Japanese business organization?）というテーマでセミナー発表をすることになっています。（株式持合その他を考えていますが、準備はこれからです。こういう任務はいつも気が重いのですが、それが大いに勉強になるということに変りはありません。）一方、当地でしかなかなか手に入らない研究書や論文などもいろいろ集める予定です。とくにアジア・太平洋の地域統合（regionalism）、ＡＰＥＣ、グローバリズムの関係など。

また、先日、日本語版の刊行をみた『株式持合と日本型経済システム』の英語版のゲラ刷りが本日、英国からここに到着したので、その校正に当面一～二日割かざるを得ません（この英語版は今年五月に刊行できる予定）。

では皆さん、期末試験の季節は勉強をする（強制的にさせられる）良い機会ですから、前向きにそれぞれに取り組んでください。そして、その後は有意義な春休みを。

（岡部研究会の学生あて電子メール、二〇〇二年一月二十三日）

（十二）オーストラリア国立大学でのセミナー発表、そして帰国へ

旧岡部研究会一、研究会二の皆さんあて
（そして来学期岡部研究会を履修予定の皆さん）

一、秋学期（二〇〇二年）の期末試験もとっくに終わり、四年生は新しい生活（就職等）への準備、そして三年生と二年生は新年度への準備にそれぞれ余念がないことでしょう。

二、当方では、豪州キャンベラでの生活も最終段階です。先日（二月二十二日）予定通り「日本企業組織の新展開」について公開セミナーで発表をしました。教員、大学院

生、新聞記者など二十名くらいの参加がありました。約一時間説明をしたあと、三十分くらい有益な討論ができました。

全く予想外のことですが、その公開セミナーにおける私の報告（セミナー後に新聞記者から追加的インタビューあり）の要旨が、今日（二月二十六日）の当地の新聞「Canberra Times」（首都で発行されているがいわば地方紙）に紙面の約半分にもわたって大きな写真とともに掲載されました。その記事はウエブ上（末尾に記載）でもみられます。興味ある人はのぞいてみてください。

三、日本には三月二日に帰国します。これまで一年間享受することができた在外研究期間はその時をもって終わりです。三月四日以降は、授業準備などのため、大体毎日、SFCに来る予定です。用事や相談のある方は研究室にきてください。

四、一つグッドニュース。それは、共同研究室（岡部研究会・西村研究会が利用しているκ201）が一層整備されたことです。高松良光君（昨年岡部研究会二に所属）

の協力を得て最新のパワフルなコンピュータが入りました。鈴木卓実君と、倉重雅一君も共同研究室の清掃作業に協力してくれました。

皆さん、新学期にはこの部屋と最新の設備を十分に利用して、研究成果をあげてください。

（岡部研究会の学生あて電子メール、二〇〇二年二月二十三日）

註

http://canberratimes.com/detail.asp?class=news&subclass=national&category=business&story_id=130431&y=2002&m=2

第五章　学部ゼミでの研究と人的つながり

（一）前進を続けるＳＦＣ、そして文部科学省ＣＯＥプログラム

岡部研究会（卒業生・現履修者）の皆さんへ

慶應義塾大学湘南藤沢キャンパスにおける「岡部研究会」歴代メンバー名簿の最新版が完成したので、ここにお届けします。この名簿は、現在までに岡部研究会に一学期間またはそれ以上正規に在籍した諸君の氏名を卒業年次を基準にリストしたものです。利用者の便宜を図るため、巻末には氏名の索引を付けてあります。この名簿が初めて作成されたのは一九九七年ですから、今回のものは第七版になります。

この版では、住所訂正や所属変更など合計約百六十箇所にも及ぶ改訂を行う一方、新規履修者の氏名を追加しました。それらは従来どおりですが、より使い易くするため従

来の横長スタイルを縦長スタイルに変更したことが今回の大きな特徴です。この大掛かりな作業にあたっては、関晋也君（総合政策学部二年生）の全面的な協力を得ました。

SFC史の刊行

SFCのこの一年間の出来事としては、まずSFCの十五年近い歴史を記述した五百ページ近い書物『未来を創る大学――慶應義塾大学湘南藤沢キャンパス（SFC）挑戦の軌跡――』（慶應義塾大学出版会）の刊行が挙げられます。この書物では、SFCの構想段階、草創期、継承期、再編期（カリキュラムのバージョン2.0）といった時系列的な記述があるだけでなく、SFC周辺開発のプロセス、学生の活動、卒業生の活動、情報インフラストラクチャの構築、研究発信などの観点からの記述もあり、SFCの姿が多面的に理解できるように配慮されています。興味ある諸君は書店で本書を手に取ってみてください。

またこれまで比較的手薄であった学生層の国際化について、ごく最近、本格的に取り組みをはじめています。とくに、大学院の修士課程にアジア諸国からの学生を中心に増加させるべく特別委員会（私もそのメンバーの一人）において履修面をはじめ様々な制度の整備が検討されています。それによる一つの大きな変化は、大学院科目ないしクラスター科目（大学院および学部共通科目）では、二〇〇六年四月から英語による講義が相当多く導入される予定です。私が担当する科目の一つ「経済政策分析」も、講義を全部英語で行うことになっています（そのための授業負担は当然かなり大きなものになります）。

文部科学省ＣＯＥプログラムへ参加

私自身についていうと、この一年間は文部科学省「二十一世紀ＣＯＥプログラム」の一つとして採択されたＳＦＣでの研究プログラム「日本・アジアにおける総合政策学先導的拠点――ヒューマンセキュリティの基盤研究を通して」に昨年以来関与しています。そのチームの研究成果は「総合政策学ワーキングペーパーシリーズ」として公刊されています。私はその刊行物の編集幹事を務めており、私自身の論文もそのシリーズにすでに四編集録されました（ＣＯＥの詳細は http://coe21-policy.sfc.keio.ac.jp/ja/index.html を参照)。

また今年(二〇〇五年)は、米国シカゴ連銀の金融研究会議(五月)、オーストラリア国立大学における短期研究滞在(八月)などで海外に出かける機会があったほか、日本金融学会や日本経済学会(いずれも九月)において報告の機会を得ました。義塾内では引き続き『三田評論』の編集委員を務めています。この雑誌は、一般知識人ことに義塾出身の知識人にとっては必読の雑誌だと思います(この雑誌の詳細は http://www.keio-up.co.jp/mita/index.html を参照)。

結語

すでに卒業された皆さんにおかれては、健康に留意され、それぞれの職場あるいは大学院で一層活躍されるよう祈っています。大学時代の四年間は、長い人生のうちで最も貴重な時期であり、人間としても大きく成長する時期です。在校生の諸君におかれては、今後の残された学生時代の日々を悔いのないよう、懸命に勉強されるよう期待しています。

なお、この名簿は今後とも毎年アップデートしていきたいと考えていますので、住所、氏名、勤務先などに変更や誤りがある場合には、お手数でも電子メールや葉書などによりご連絡くだされば幸いです。

（岡部研究会歴代メンバー名簿・会報の序文、二〇〇五年十一月）

（二）この世のものは二種類のうちいずれか

岡部研究会を卒業された皆さん、そして現在在籍中の皆さん、こんばんは。

今日は、首都圏に在住している皆さんのほか、関東一円の遠隔地から、そして大阪や仙台といった遠方からの出席者も含め合計四十二名（卒業生三十三名、在校生九名）もの皆さんがこの会に参加してくださり、ありがとう。全く久しぶりにお会いする諸君も多く、私はたいへんうれしく思っています。

世話役等への謝辞

本日このような意義深い会が実現することができたのは、実に多くの諸君が努力してくれたおかげです。この点、ご尽力くださった皆さんに深く感謝しています（名前を呼ばれた方は手を上げてその存在を皆さんに示して下さい）。

まず、久しぶりに岡部研究会の同窓会をやろうと言い出して下さったのは、私が情報収集したところでは、赤平英明君（二〇〇〇年三月卒業）、鈴木卓実君（二〇〇〇年三月卒業）、織田崇信君（一九九七年三月卒業）あたりのようです。今日の会の震源地というわけです。

それを受けて現役の光安孝将君（四年生）、藤原史義君（三年生）が中心になって企画と準備を進めてくれました。光安君は、先ほど開会に際して岡部研究会の近況を的確に報告して下さりありがとう。そして藤原君は、献身的かつ周到にこの会の準備をしてくれました。また本日皆さんに配付した岡部研究会の歴代履修者名簿は、関晋也君（二年生）が従来の名簿をタイミングよくきれいに更新、作成してくれました。そして、本日の司会役は、千野剛司君（三年生）がプロの司会者かと思われるほど立派に務めてくれています。これらの皆さんは、全て自発的にこの会の開催に協力してくれたわけです。とてもありがたいことです。

岡部研究会卒業生の動向

さて、岡部研究会の卒業生に関して一言申し上げておきます。この会には、あいにく先約があるとか遠隔地在住などの理由で残念ながら出席できない、という連絡を直接私あてにかなりの数いただきました。その一方、出席を楽しみにしているという電子メールも、何名かの諸君からもらいました。そのなかで高松良光君（二〇〇三年三月卒業）からは、いま遠隔地（岡山県）で勤務しているが必ず出席する、という意思表明をしているメールが届きました。ところが同君は、痛々しくもひと月前に交通事故に遭遇したとのことです。このため、いま入院しており、とても残念だが出席できないとの連絡を再度、数日前にもらいました。同君の早期全面回復を皆さんとともに祈りたいと思います。

ＳＦＣの近況

ＳＦＣを一言で言えば、引き続き前進している、ということです。世間へのＰＲという点では、昨年（二〇〇三年）はＳＦＣ教員の研究成果を『総合政策学の最先端』という書物四冊によって刊行しました。これは、専任教員がほとんど総出（六十名）で執筆した論文によって構成されており、四巻合計で千六百ページにも上る大型の論文集です。私はこの出版物の企画に深く関わるとともに、論文全体の編集幹事を務めました。

そして今年刊行された書物としては、私は直接関与していませんが『未来を創る大学――慶應義塾大学湘南藤沢キャンパス（ＳＦＣ）挑戦の軌跡』があります。この書物は、ＳＦＣのいわば十五年史であり、従ってＳＦＣが時間軸を中心に記述されていることは当然ですが、それに加えて学部学生や卒業生の活動、情報インフラストラクチャの構築、といった面からの記述もなされており、ＳＦＣの姿を立体的に浮かび上がらせようとしたものです。

また、ここ一～二年の大きな話としては、ＣＯＥ（センター・オブ・エクセレンス）プログラムの一つとしてＳＦＣが採択されたことを挙げることができます。これは文部科学省が全国の大学研究者グループに年間約一億円の研究費を五年間にわたって支給する新しい制度であり、大学間での競争によって資金が獲得できるものです。このためＣＯＥは、大学関係者の間ではこのところ最も話題になることが多いことがらの一つになっています。ＳＦＣでは、幸い情報系で一つ、政策系で一つ、合計二つのＣＯＥ資金を獲得しています。政策系のテーマは「日本・アジアにおける総合政策学先導拠点——ヒューマンセキュリティの基盤的研究を通して」であり、私も含めて約三十名の政策系教員がこの研究プログラムに関与しています（詳細は http://coe21-policy.sfc.keio.ac.jp/ja/index.html を参照）。なお、慶應全体としては合計十二件のＣＯＥを獲得しており、これは私立大学の中ではトップの件数です。

さらに、ＯＲＦも見逃せません。ＳＦＣ、ＣＯＥ、ＯＲＦ。何だか略字ばかり流行っていますが、これはオープン・リサーチ・フォーラムのことです。つまりＳＦＣがその研究成果を社会に示すとともに、それに関心のある向きをＳＦＣに色々なかたちで呼び込もうという趣旨で公開の場を設ける企画です。今年（二〇〇四年）は、十一月二十三〜二十四の二日間、東京の六本木アカデミーヒルズで行われます。催しの内容は、ウエブ上に掲出されていますから、興味ある諸君は参加してください。私は二日間とも参加します。

今一つの話題としては、ＳＦＣの国際化推進があります。これまで比較的手薄であった学生層の国際化について、いよいよ本格的に取り組みをはじめています。とくに大学院の修士課程にアジア諸国からの学生を中心に増加させるべく特別委員会（私もそのメンバーの一人になっています）がこの夏に設けられ、そこで履修面をはじめ様々な制度を整備すべく検討が進められています。そこでの考え方は、外国人学生であっても留学生というかたちで特別扱いはせず、日本人学生も外国人学生も全く同様に渾然一体となったキャンパスを作るという方針をとっているのが特徴です。

このプランによる一つの大きな変化は、大学院科目ないし大学院および学部共通科目では、二〇〇六年四月から英語による講義が相当多く導入されることです。私が担当する科目の一つ「経済政策分析」も、講義を全部英語で行うことになっています。そのための授業準備と講義負担は当然かなり大きなものになりますが、これも国際化の要請に応えるうえで避けて通れないことだと考えています。

私の近況

私自身については、ここ一～二年とくに大きなニュースはありません。研究会は、先ほど光安君が報告してくれたとおり、引き続き健在です。履修者数は研究会一、研究会二ともそれぞれ十名強、合計二十～二十五名というのがここ数年の傾向として定着しています。そして研究会一では金融問題を、研究会二では日本経済を、いずれも従来の方式によって研究を進めています（テキストの輪読と各履修者によるタームペーパーの作成です）。

三年ほど前（二〇〇一年度）になりますが、一年間のサバティカル留学をする機会に恵まれました。大学教員は通常、六年間継続して授業を担当すれば次の一年間はサバティカル・リーブが与えられるという制度が多くの国で採用されています。七年目はいわば一年間の有給休暇というわけです。ただし、これは単なる休暇ではなく、あくまで研究休暇であり、バケーションではありません。したがって、当然ながら研究者としての任務を果たすべく、自ら規律付けを伴う過ごし方をすることが求められます。私の場合、その一年間で三冊の書物を執筆して刊行しました。

義塾内の任務としては、昨年度から『三田評論』の編集委員を務めています。多くの諸君は、すでに本誌を定期購読しておられるかと思いますが、この雑誌を読めば、SFCを含めた義塾における様々な展開がよく理解できるだけでなく、現代の諸問題につき義塾内外の様々な専門家による各種の記事も多いので、一般知識人ことに義塾出身の知識人にとっては必読の雑誌だと思います。まだ購読していない方はぜひ購読を検討されるようお勧めします（この雑誌の詳細は http://www.keio-up.co.jp/mita/index.html を参照）。

お金で買えるものと買えないもの

さて、せっかくの機会なので、一つメッセージをお伝えすることにしたい。それは「この世の中のすべてのことは二つに分類できる」ということです。つまり、全てのことは、お金で買えるもの、あるいはお金では買えないもの、のいずれかです。

例えば、ソニーのバイオないしマッキントッシュＧ４といった高級コンピューターであれ、一カラットのダイアモンドであれ、あるいは高級自動車ベンツなどは、お金さえだせば諸君でも自由に入手できます。さらに、こうしたモノだけでなく、パック観光旅行、整形外科手術など広義のサービスについても同様であり、お金と引き換えにそれらを享受することができます。このように、お金で買えるものを対象とした場合のことがらに焦点をあて、そうした切り口からみれば社会をどのようなものとして理解できるかを明らかにするのが経済学です。これは、一つの割り切った見方といえるでしょう。

これに対して、世の中には実はお金では買えないものが多いことに気付くことが必要です。お金では買えないものとしては、例えば、愛、勇気、責任、信頼関係、きずな、などがあるでしょう。近年、経済学者のなかには、こうしたお金では買えないものも金銭価値に換算し、そのうえで人間の行動を経済学的観点から合理的行動として理解しようとする動きが活発です。

例えば、いま流行しているインセンティブの理論は、ある個人は彼が直面する行動の選択肢につき、それぞれの損得（将来にわたる純予想利得の流列の現在割引価値の総和）を勘案したうえで利得が最大になるような行動を採る、という行動方式を前提にし、それを色々な現象に適用して捉えようとする理論だ、ということができるでしょう。また結婚の経済学とか、宗教の経済学などという視点もあります。結婚は人生における最大の投資行動という視点、あるいは排他的な取引契約の締結という視点からそれを定式化したり、また宗教団体に対する寄付ないしお布施は、その広義での見返りとの比較考量で信者の行動が決まる、などという捉え方がそれに当てはまるでしょう。

確かに、制約条件がある下で個人の効用を最大化する問題として理解するという定式化は、形式論理としては成立するかもしれません。しかし、そうした捉え方をすることによって、お金で買えないことがらについても本質的な理解が深まるとは必ずしもいえないと思います。私は、経済学を担当する教員としては、確かに経済学の有用性を強調しなくてはならない立場にありますが、それと同時に、経済学の限界についても正しい理解をしてもらうべく努力することが大切である、と考えています。最近は、万事経済学的思考の行き過ぎ（いわば経済学帝国主義）があるように私には思えます。

お金では買えないもの

お金では買えないことの例を二つあげておきましょう。一つは、本日の会合です。この会は、岡部研究会の卒業者と在籍者だけを対象としたものであり、諸君以外の人にとっては、この会への招待状はお金をいくら積んでも入手することができません。だからお金では買えないわけです。また、この会に出席すると報酬がもらえる（直接的な金銭的インセンティブある）から諸君がここに出席している、というわけでもないでしょう。

それどころか、ここに出席するために今日という週末の時間を割き、しかも会費を支払ってまで諸君はここに出席してくださっているわけです。一方、この会合は、私にとってもお金では決して買えないありがたいものです。諸君のうちの有志が企画してくれ、そして諸君がこのように出席してくださっていること自体、諸君から私への最大のプレゼントと考えています。

お金で買えないものとしてのもう一つの例は、今夜配付されている岡部研究会の名簿です。百八十九名がリストされているこの名簿は、もし私がSFCで教育に対して私なりに力を入れなかったとすれば、いくらお金をつぎ込んでも手に入らないものです。だから、この名簿は私にとって宝物です。なぜなら、ここには私の研究会を自発的に選んで履修した諸君が一人一人リストされており、諸君の勉学ぶりがぎっしり詰まっている一方、私の教育面での仕事もそこに凝縮されている、といってもよいからです。

私がSFCへ着任してから刊行した書物はすでに十一冊に達しますが、それらのどの本よりもこの名簿一冊により大きな価値がある、と考えています。それは、いまの私にとって宝物であり、SFCを退職するときにも、掲載人数が今よりもさらに増えるであろう名簿が何といっても最大の宝物になる、と考えています。

今日のメッセージは、この世の中のなかには、お金では買えないことがある、ということでした。それは、より具体的にどんなことなのか、どのように各自が手に入れるべきなのか。これらのことは、従来から研究会を通していろいろ皆さんに伝えようとしてきました。

その私なりの一つの集大成が、本日皆さん全員に進呈した書物『大学生の条件 大学教授の条件』です。在学生諸君は、そこで私が伝えようとした十五のメッセージをいま一度かみしめてほしいと思います。また卒業生の皆さんは、社会に出られてからの体験をもとに、私の主張していることにどの程度妥当性があるのか（あるいは無いのか）を評価してほしい。本日、研究会名簿にくわえてこの書物を一冊皆さんに差し上げるのはそういう意味からです。

結　論

さて、今から「一人につき一分で」という大きな時間制約がありますが、その中で皆さん全員から近況を聞けるのがとても楽しみです。本日は「岡部研究会で勉強した」という点で共通体験を持つ者同士が集う貴重な機会です。同期の諸君同士で、あるいは先輩や後輩の間で心おきなく懇談し、きずなを深める機会にしてほしい。皆さんのご出席、ほんとうにありがとう。

（岡部研究会同窓会でのあいさつ、二〇〇四年十一月六日、於横浜エクセルホテル東急）

（三）ゼミ卒業生の結婚を祝す

織田崇信君（岡部ゼミ一九九六年度卒業生）、佐由子さん（慶應義塾大学総合政策学部一九九六年度卒業生）、ご結婚おめでとうございます。ご両家、ご親族の皆様方のお喜びもさぞかしと存じます。こころからお祝い申し上げます。本日は、このようにお似合いのカップルが誕生したことを、わが事のようにうれしく思っております。

上司から教わった結婚披露宴でのスピーチの仕方

私は、現在大学教員の職に就いていますが、以前は長年ある大きな組織に所属して仕事をしておりました。その時代には若き同僚（部下）の結婚披露宴に招かれることも少なくありませんでした。そんなある日、私は上司から質問されました。――「君は今度部下であるA君（Bさん）の結婚披露宴に招待されており、お祝いのスピーチをすることになっているかと思うが、君にどういう役割が期待されているかを知っているか」と。私はやや当惑しましたが、その上司はすかさずに次のように私にいいました。――「その役目とはね、新郎（あるいは新婦）を出席者の前で褒めちぎることなんだよ」と。

私は、なるほどそういう考え方もあるかなと思いました。それ以降は、祝辞を依頼されるたびに、うそはいえませんから、事実を言うにせよどのように最大級の形容詞や副詞を使って自分の役目を果たすかに苦労をすることも少なくありませんでした。そして、そうした面での自分の語彙の貧弱さを嘆くこともしばしばでした。

しかし、本日はそういう心配をする必要が全くなく、この晴れやかな祝宴に気楽に加わらせていただいております。というのは、織田君については、単に私が知っているいくつかの事実を淡々とご紹介するとともに簡単にお祝いの言葉を述べるだけでよい、そうすれば私は不必要な苦労をすることもなく十分に役割を果たせるからでございます。

学業優秀な学生

織田君は、二つの点からいって実にすばらしい青年である、というのが私の率直な感想でございます。一つ目は、さきほど彼の勤務先（富士通株式会社）の上司の方からご開陳があったとおり、総合的な能力が非常に高いことです。学生時代もきわめて優秀な学生でした。彼は学部三年生および四年生の時代（一九九五〜九六年度）に私のゼミに所属し、日本経済の様々な側面を勉強されました。そのころの彼の実力を示す一つの例をここでご紹介したいと思います。

それは「研究会（ゼミ）優秀論文刊行」の制度に関係しています。慶應義塾大学湘南藤沢キャンパス（ＳＦＣ）では、ゼミ生が執筆する論文（たいてい学期毎に執筆するのでタームペーパーと称される）のうち、とくに優秀な論文があれば所属ゼミの中で一編だけを担当教員が推薦し、その論文が湘南藤沢学会の審査を経たうえで「研究会優秀論文」として二百部印刷されキャンパス内外に広く配付される、という制度があります。実は織田君がかつて執筆した論文が、この栄誉に浴する論文の一つとなっているわけです。

その論文は「東アジアにおける企業機能分業型直接投資」と題するものです。企業の活動には、製品企画、資材調達、製造、販売、資金調達、研究開発など実に様々な側面がありますが、取引のグローバル化が進む状況の下ではそれらを全部日本国内で行う必然性はありません。むしろ、地理的に近くしかも社会のインフラストラクチャが比較的整った東アジア諸国全体を視野に入れてこれらの機能を域内の幾つかの地点に分散させ、全体として大きな一つのセットを構成すれば、より効率的な企業活動ができるわけです。こうした理解自体に新しさがあるわけではなく、また現在では富士通も含めてこのことは常識化していることかもしれません。しかし、織田君の論文は、それを日本企業の海外直接投資に関連させて論じた点に特徴があり、しかも一九九五年という比較的早い時期に、そして学部三年生の時期にその論文を書いた点で見事なものでした。

念のため昨日、その論文を再度読み直してみました。そして、論文の着眼点と完成度の高さに改めて感心した次第です。なお、この論文はその他全部の「研究会優秀論文」と同様、インターネット上の私のホームページ上に全文が掲載されているので、ご興味のある方はアクセスしてみてくだされば幸いです（http://web.sfc.keio.ac.jp/~okabe/paper/）。

思いやりのある同志

実は、学業優秀な学生というのは、さすがＳＦＣでしょうか、私の周辺にも少なからず見ることができます。しかし、織田君がほんとうに素晴らしい青年だと私が思うのは、彼はもう一つ稀有なパーソナリティを持っているからにほかなりません。それは、彼が私にとって「思いやりのある同志」だったし、いまでもそのような存在だからです。織田君と私は、年齢の上では親と子供ほど離れています。しかし私は、彼を「仲間」とみなしています。

とくに彼の在学時代は、私がオーストラリアの大学からＳＦＣに着任して二年目、三年目という時でした。当時ＳＦＣは、日本における大学改革の最先端を行くキャンパスとして、教育界だけでなく一般社会の大きな関心を集めていました（我々はいまでもそう考えています）。そうしたキャンパスの教員の一員となることは、いわば特急列車に途中から飛び乗ったような感じであり、そのキャンパス・カルチャーに向けて自分自身の調整が必要であり、とくに自分のゼミをどのように独自色を出しつつ仕立てて行くかという点が、私にとって大きな課題でした。

ゼミの雰囲気づくり、研究合宿の行い方、人的つながりの構築など、幾多の課題がありました。当時の岡部ゼミ履修者数は現在よりもはるかに少なかっただけに、織田君を中心とした当時のゼミ生諸君が作ってくれた岡部ゼミの慣例や性格はその後の伝統となり、新しい履修者に次々と引き継がれて現在に至っている面が少なくありません。

そうしたなかで私がとりわけ感謝しているのは、彼が卒業して社会人になってからのことですが、「岡部ゼミ出身の卒業生を一堂に会した同窓会はまだ実施されていないので、是非それをやりましょう」と提案してくれ、そして現に二〇〇〇年十一月に織田君が中心になってそれを実現してくれたことです。このようにありがたいかたちで第一回のゼミ同窓会が開かれました。そこであいさつをするとき、私は涙が止まりませんでした。

岡部ゼミにとってこうした貢献をしてくれることができたのは、織田君の思いやりのある性格、穏やかな人柄、そして周囲の人々からの信頼（人望）があってこそです。彼は、単に能力面で優秀であるだけでなく、このような人格を持っている同志であるからこそ、本日は私にとってことさら嬉しい日となったのでございます。

二つのアドバイス

さて最後に、多少年長である者の立場から二つのアドバイスがあります。これら二つを、自戒を込めつつ崇信君と佐由子さんに贈ります。

一つは、ご結婚後も、お互いに良き友人であれ（Be a good friend to each other）ということです。結婚すれば当然、夫婦は最も近い仲になります。このため、毎日生活を共にしていれば、相手も自分も同じ、相手は自分の一部、などという考え方にともすれば傾きがちです。しかし、相手には相手の独立した人格があり、それを尊重することが重要になる場面が少なくないことを忘れてはなりません。結婚生活では、そうした認識スイッチの切り替えが必要となる場面が必ずでてくるものです。

もう一つは、結婚とは、新しい生活を二人で共同して創造していくこと（joint creative adventure）にその本質がある、ということです。これまで二十数年間全く異なった人生を歩んでこられたお二人が今日このように結ばれたのは、考えてみれば、その経緯のいかんにかかわらず実に不思議なことです。結婚の大きな意味は、真っ白いキャンバスにお二人で新しい絵をこれから描くことだと思います。どうか楽しい、そしてなごやかなご家庭を築かれんことをお祈りして、お喜びの言葉といたします。

本日はまことにおめでとうございます。そしてお招きくださり、ありがとうございました。

（ゼミ卒業生の結婚披露宴での祝辞、二〇〇四年九月五日、於東京都港区・綱町三井クラブ）

参考文献

（第一章第二節関連）

Bain, Ken (2004), *What the Best College Teachers Do*, Harvard University Press.

Leitch, Alexander (1978), *A Princeton Companion*, Princeton University Press.

McLeery, William (1986), *Conversations on the Character of Princeton*, Princeton University Press.

Oberdorfer, Don (1995), *Princeton University: The First* 250 *Years*, Princeton University.

Princeton University, *The AI (Assistants in Instruction) Handbook*.

Princeton University, The Freshman Seminar Program. <http://www.princeton.edu/~odoc/>

Princeton University (2003), *Inspired Conversations: The Princeton Precept*.

Princeton University, Precepting at Princeton. <http://web.princeton.edu/sites/mcgraw/precept_on_precepting.html>

Princeton University, Preceptorial Method. <http://etc.princeton.edu/CampusWWW/Companion/preceptorial_method.html>

Princeton University, Princeton Honor Code. <http://www.princeton.edu/~honor/>
Princeton University, *Princeton University 2004–2005*, Admission Office.
Princeton University, *Undergraduate Announcement 2004–2005*.
Princeton University Undergraduate Student Government (2002), *Report on the Status of the Princeton Precept System*, April 8.〈http://www.princeton.edu/usg/docs/precept.html〉
Rhinehart, Raymond (2000), *Princeton University: An Architectural Tour* (The Campus Guide), Princeton Architectural Press.
岡部光明（二〇〇〇）「正しさを追求する姿勢」『大学教育とSFC』第一章第一節、西田書店。
慶應義塾大学湘南藤沢キャンパス（二〇〇五）「カリキュラムに関するアンケート（学部生対象）全体調査」授業調査（特別調査）結果。［内部資料］

（第二章第二節関連）
（一）小島朋之・岡部光明（二〇〇三）「総合政策学の最先端（全四巻）刊行にあたって―『総合政策学とは何か』」、岡部光明（編）『総合政策学の最先端 I―市場・リスク・持続可能性』、慶應義塾大学出版会。
（二）岡部光明（二〇〇六）「総合政策学の確立に向けて（一）―伝統的「政策」から社会プログラムへ」、大江守之・岡部光明・梅垣理郎（編）『総合政策学―問題発見・解決の手法と実践』慶應義塾大学出版会。
（三）岡部光明（二〇〇六）「総合政策学の確立に向けて（二）―理論的基礎・研究手法・今後の課題」、大江守之・岡部光明・梅垣理郎（編）『総合政策学―問題発見・解決の手法と実践』慶應義塾大学出版会。
（四）岡部光明（二〇〇一）「現代ガバナンスの三特徴」、慶應義塾大学湘南藤沢学会『SFC Review』第十一号、十一月。（本書の第二章第四節として収録）
（五）岡部光明(編)(二〇〇〇〜二〇〇五)『金融および日本経済の研究―岡部研究会優秀論文集』第一巻〜第六巻、湘南藤沢学会。
（六）岡部光明（二〇〇〇）「美しさの追及」『大学教育とＳＦＣ』第一章第二節、西田書店。
（七）岡部光明（二〇〇二）「勉強とは新しい理解方法を知ることである」『大学生の条件 大学教授の条件』第一章第六節、慶應義塾大学出版会。
（八）岡部光明（二〇〇〇）「『問題発見・解決型教育』三つの誤解」『大学教育とＳＦＣ』第一章第五節、西田書店。
（九）岡部光明（二〇〇二）「大学生時代になすべき二つのこと」『大学生の条件 大学教授の条件』第二章第一節、慶應義塾大学出版会。

著者紹介

岡部 光明（おかべ　みつあき）

経　歴

1968年　東京大学経済学部卒業。1973年 米国ペンシルバニア大学修士課程修了（MBA）。日本銀行金融研究所研究第1課長、米国プリンストン大学客員講師、豪州マックオーリー大学教授などを歴任。1994年 慶應義塾大学教授（総合政策学部）に就任、現在に至る。この間、英国オックスフォード大学上級客員研究員、米国ミネソタ大学客員教授、オーストラリア国立大学客員研究員などを兼任。政策・メディア博士。慶應義塾評議員。大学基準協会評価委員。

著　書

『総合政策学』（共編、慶應義塾大学出版会、2006年）
『総合政策学の最先端Ｉ』（編、慶應義塾大学出版会、2003年）
『経済予測』（日本評論社、2003年）
『株式持合と日本型経済システム』（慶應義塾大学出版会、2002年）
『現代金融の基礎理論』（日本評論社、1999年）
『環境変化と日本の金融』（日本評論社、1999年）
『実践ゼミナール 日本の金融』（共編、東洋経済新報社、1996年）
『大学生の条件 大学教授の条件』（慶應義塾大学出版会、2002年）
『大学教育と SFC』（西田書店、1999年）
『Cross Shareholdings in Japan』（英国エドワード・エルガー社、2002年）
『The Structure of the Japanese Economy』（編著、英国マクミラン社、1995年）

ホームページ

http://web.sfc.keio.ac.jp/~okabe/

私の大学教育論
—— 慶應義塾大学湘南藤沢キャンパスでの実践

2006年10月30日　初版第1刷発行
2007年　3月20日　初版第2刷発行

著者／発行者 — 岡部光明
制作・発売 —— 慶應義塾大学出版会株式会社
郵便番号　108-8346　東京都港区三田 2-19-30
TEL〔編集部〕03-3451-0931
〔営業部〕03-3451-3584〈ご注文〉
〃　03-3451-6926
FAX〔営業部〕03-3451-3122
振替　00190-8-155497
http://www.keio-up.co.jp/
装丁 ———— 渡辺澪子
印刷・製本 —— 株式会社太平印刷社

Printed in Japan　ISBN 4-7664-1325-3